父親のための家庭教育のヒント

幼児期から思春期まで

林 道義

日本教文社

はじめに

このごろようやく、父親が子供に与える影響の大きいことが理解されるようになってきました。

しかし、では実際に父親は何をしたらいいのか分からないという声が多く聞かれます。拙著『父性の復権』(中公新書)では原理的な説明をしましたが、もっと具体的に父親に対するアドバイスがほしいという要望が強くなってきました。

そこで、それに応えるような内容を『光の泉』に三年間にわたって連載しました。子供が乳幼児のときから思春期まで、それぞれの年齢に応じて、父親が子供とどう関わったらいいのか、できるだけ具体的に書きました。

小さい子供とどう接するか、家族とのコミュニケーションをどう取るか、きょうだい（一人っ子）を育てるときの注意、ルールの教え方、叱り方、思春期の子供との接し方、などテーマごとに分類し、それぞれについてさらに具体的な場面を設定して、お父さんに（ときにはお母さんにも）アドバイスするという内容になっています。

この度それをテーマごとに編集し直して、一冊の本にまとめることになりました。子供とどう接したらいいか迷っているお父さんの参考になれば、こんなうれしいことはありません。

林 道義

平成十六年八月

父親のための家庭教育のヒント——幼児期から思春期まで　目次

装丁——清水良洋（Push-up）
装画——辻 和子

第1章

子供好きになろう

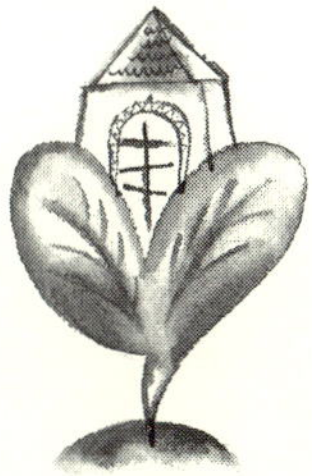

育児は楽しい！

どうしてでしょうか。世の中には子供好きな男性と、子供が苦手の男性とがいるようです。子供好きな男性は、自分の子供が生まれると、いわゆる「子煩悩《こぼんのう》」な父親になります。子供が可愛くてたまらないので、いつも子供の面倒を見たり、子供と遊んでいます。

ところが、子供嫌いな男性もいて、子供は面倒くさいとか、うるさいと感じて、あまり付き合いたくない様子です。よくても子供に無関心な態度を取ります。

どちらが子供にとってよいかは、言わずもがなですね。親から可愛がられた子供は、人間に対して基本的な信頼感を持つようになります。子供を可愛がる父親のほうが子供に良い影響を与えるのは当然です。でも、子供とよく付き合う父親は、自分自身にとっても親子関係にとっても、よいことがたくさんあるということは、どうも見逃されているようです。

まず、親子関係について考えてみますと、子供をいつも可愛がっていると、子供のほうはお父さんを好きになります。親子関係にとっては、この「好き」という感情がなによりも大切なのです。

子供がお父さんを好きならば、お父さんが「これこれをするといいよ」と言えば、とにかくやってみようかという気持ちになります。また「人を傷つけたり、人のものを自分のものにしてはいけないよ」と言えば、素直に納得します。きつく叱ったり、強く命令したりする必要はありません。だから、子供に嫌われるような「怖いお父さん」になる必要がないので、親子関係が悪くなる要素が少なくなります。悪循環の反対の、良い循環になります。

このように、子供好きなお父さんは、親子関係にとってよいことずくめですが、それでは子供好きでない男性はどうしたらいいでしょうか。

子供好きになるよい方法があります。それには一番初めが肝心です。子供が生まれたら、できるだけ子供と接触する機会を持つことです。まず抱っこ。生まれたばかりの子供を抱くのは落としそうで怖いものですが、怖くても積極的に抱っこしてあげましょう。それからお風呂に一緒に入ること。世間で言う「裸の付き合い」ですね。

私はお風呂に一緒に入る以前から、生まれて少したってから、つまり妻の実家から帰ってきてからは、湯に入れるのは私の役目と決めていました。慣れない手つきで、おそるおそるなので、はじめは子供のほうが怖がって、体を硬くしていました。左手で首を支え、その指先で子供の左手を握ってやると、子供は安心します。湯の中に入れられる子供は、宙に浮いた感じがするので、怖がるものですが、こちらの手が体に接触している部分が多いほど安心するようです。

私はときどきおむつも替えてやりました。またいつも子供と遊んでいましたから、いわゆるスキンシップは多かったほうでしょう。お馬になったり、肩車をしたり、ぐるぐる回して「飛行機ブーン」とやったり、ご飯をたべさせてやったり、いろいろやりました。

子供好きでない男性にとっては、そういうことは面倒くさいと思われるかもしれま

love

せんが、最初に思い切ってやってしまうと、意外に子供を可愛いと感じたり、幸せを感じたりして、やみつきになってしまった人もいます。最初のきっかけさえ掴《つか》めれば、案外簡単に子供好きになれます。

父親の愛情は本能的なものではないと思われてきましたが、案外生得的なものかもしれません。たとえば、ゴリラの場合にも、父親は小さい子供が肩の上に登ったり、乱暴にひっぱたいたりしても、絶対に怒らないで、やりたい放題にやらせています。あれは内心うれしいのではないでしょうか。

もう一つ、よいことは、子供の面倒を見ると奥さんが喜んでくれることです。もちろん、奥さんにとっては、仕事が楽になるから喜ぶという面もありますが、そういう功利的な理由ではなく、夫が子供と楽しくしている情景を見ているだけで、女性は幸せになるものです。「夫が子供と遊んでいるのを見ながら食事の支度をしているときが、一番幸せを感ずる」という女性は多いのです。これは夫婦和合にとって、また家族の絆にとってすばらしいことです。

もう一つ、さらによいことがあります。それは父親本人の人柄がよくなることです。

子供を可愛がる人、そして奥さんを大切にする人は、だんだん本人の人柄もよくなっていきます。優しさとか、品位がましてきて、人間性が高まるんでしょうね。だんだん人からも好かれたり、信頼されるようになります。

子供が苦手な人は、概して子供のときに可愛がられなかった人に多いようです。しかし自分の子供を可愛がることによって、自分が可愛がられる経験をしたのと同じ効果が出てきて、人間への愛情や信頼感を取り戻すことができるのです。

子供というのは、可愛がるとますます可愛くなってきて、ますます可愛がりたくなるものです。よい循環に入るきっかけが掴めるように、工夫をしてみてください。

子供と遊ぶ

乳幼児に対してお父さんができることで、一番大切なことは、できるだけ子供と遊ぶことです。遊ぶことが一番大切だというのは意外ですか?

子供と楽しく遊ぶことによって何が得られるかと言いますと、子供とのあいだに親密さが生まれることです。つまり仲良くなれるのです。または子供がお父さんを好きになると言えば分かりやすいでしょう。

親子関係にかぎらず、すべからく人間関係の基本は、互いに好きになることではないでしょうか。そのためには体と体がふれあうような付き合い方が、一番効果的です。だからお父さんが子供を遊んであげるという場合にも、たとえば遊園地に連れていくとか、海や山へ連れていくというような、大きなイベントを考える必要はありません。

むしろ大切なのは、普通の日常生活の中で、遊びというほど大袈裟《おおげさ》でない、簡単なことでいいのです。

たとえば、私の父は私たちきょうだいが幼児のころは、夜寝る前に布団をしいた上で、よく「デングリガエシ」をやってくれました。父が布団の上に仰向けに寝て、いわゆる「タカイタカイ」のように足で子供を持ち上げます。そしてそのまま頭の方へ子供を一回転させて、ドーンと投げ捨てるようにします。もちろん初めのうちは、手で子供の体を支えてソーッと置くようにします。慣れてくると少々乱暴にする方が子供はよろこびます。

私は自分の子供にも、同じことをやってやりましたが、子供なら誰でも大喜びして、「もう一度やって」と何度でもせがむほどです。

とくに「遊び」にこだわる必要はありません。ちょっと近所を一回り「散歩」してもいいのです。一緒に風呂に入るとか、爪を切ってやるだけでもいいのです。庭に出たり、公園に行ったりして、「これがカタツムリだよ」と言って、一緒に見て、ちょっと角にさわってみせます。三、四歳だったら、もう鉄棒を教えることだってできます。

三、四歳のころに私の子供が夢中になったのが「将棋落とし」または「オハジキ落とし」と私が名づけたゲームです。これはテーブルの自分の側にそれぞれ、自分の将棋の駒かオハジキを一列に並べます。それをはじいて、相手の駒を落とすゲームです。先に相手の駒を全部落とした方が勝ちです。

その場合に、はじいた自分の駒も落ちると、落ちたままになり、相手の手番になります。相手の駒だけ落ちて、自分の駒がテーブルの上に残った場合は、またそれを使ってはじくことができます。もし相手の駒にさわる手前で止まってしまったら、それは相手に取られ、相手の手番となります。また相手の駒にさわって、相手の駒が落ちない場合には、自分の列に戻せますが、相手の手番になります。

こう書くと複雑なようですが、じっさいにやってみると、ごく簡単なルールですから、三、四歳の子供でも十分に理解でき、夢中になります。じつは私も夢中になりました。大人でも十分に楽しむことができます。

もう一つ私が遊んでやったことは、ビーチボールを使ったバレーボールです。そのころ「サインはV」とか「アタックNo.1」という子供向けのバレーボールのテレビが

Communi-
cation

はやっていて、子供の相手をよくさせられました。子供は上手に回転レシーブをして得意そうでした。はじめは畳の上でしていましたが、そのうち戸外の公園などの芝生の上を走り回って、元気に育ちました。

私はその後、よくプールに連れていったり、一緒に凧揚《たこあ》げをしたり、碁や自転車やテニスを教えたり、なんでも教えました。

いろんなことを教えたり、一緒にしたりしてきたので、共通の趣味がたくさんあります。話題には事欠きません。というより、感覚的に同じ基盤に立っているので、意見が合うことも多いし、話していても安心して話していられます。

あるとき学生の一人から、「私は父と向き合うと、何を話していいか分かりません、先生はお嬢さんと何を話されるのですか」と聞かれました。話を聞いてみると、その学生は小さいときから、父と一緒に何かをしたという記憶がないそうです。共通の体験がないのに、「さあ親子の対話をしましょう」と向かい合ってみても、話すことがないというのでは寂しいですね。「対話をしましょう」と言う前に、自然に対話が出てきてしまうような、子供との共通の体験を増やしていくことが肝要です。

親子の関係は、幼いころからの積み重ねが大切ですね。

めざせ！　カッコイイお父さん

お父さんはカッコよくなければなりません。お父さんはすごい、こんなことができるんだ、といって子供が自慢できる、誇りに思えるものを持つ必要があります。

お父さんを自慢に思っている子供は、絶対にぐれたり、不良になったりはしません。なぜなら、自分の目標が高くなり、志が高くなるからです。

父を誇りに思っている子供は、父の言うことを素直に聞きます。「タバコを吸っては駄目だよ」と言えば、絶対にタバコを吸いません。「悪いことをしてはいけないよ」と言えば、悪いことをしません。

お父さんを好きな子は、お父さんの言うことを素直に聞きます。お父さんが子供から好かれていることは、絶対に必要なことです。

しかし、ただ好かれるだけでは充分ではありません。ただ好かれるためなら、お小遣いをたくさんやったり、お土産をたくさん買ってきてやればいいのです。またなんでも好きにさせて、いわゆる自由放任にしてやれば、子供はお父さんを好きになります。

しかしそれでは子供はお父さんを好きにはなっても、決して尊敬していません。尊敬していなければ、お父さんの言うことに耳を傾けません。好きプラス尊敬がないと、子育ては上手くいかないのです。

もっとも「尊敬」と言われると、「私は子供から尊敬されている」と言い切れる人は少ないでしょう。この場合、「尊敬」は少しオーバーに言ったものです。「尊敬」まででいかなくても、子供がお父さんを自慢できるというだけで充分です。「カッコイイ！」と思わせれば成功です。

子供が小さいときには、「お父さんカッコイイ！」と思わせることは簡単です。たとえば、ゴキブリをバシッと退治しただけでも、子供は「すごい」「カッコイイ」と思ってくれます。

子供が小学生くらいになると、お父さんが得意なことを持っていることがカッコイイと思えるようです。とくにスポーツなどは、見た目にもカッコイイですから、スポーツや武道が得意なお父さんは有利です。

自分のことで恐縮ですが、私は子供のころからスポーツ万能で、なんでも得意でした。おかげで、子供の前でカッコイイところを見せることができ、子供も自慢に思うことができたことがあります。

子供が小学校六年生のとき、運動会で親のリレーがありました。クラスで二名ずつ選手を選んで、学年対抗でお父さんとお母さんの代表がリレーをしました。その選手に私も選ばれて走ることになりました。

私のチームは子供が六年生の親ばかりですから、一番年上で、不利なはずです。一年生の親はまだ若く、早く走れそうでした。でも若さのとおりの順番にならないところが面白い。

私がバトンを受け取ったときには、わがチームは五番目でした。ビリから二番目です。走るのは七〇メートル。前もって家内と娘に言われていました。「バトンを落と

さないようにね」「あせって転ばないようにね」と。このアドバイスは適切でした。とくにお父さんたちがバタバタと転んでいました。気ばかりあせって、足がついていかないので、前につんのめってしまうのです。

さて、結果はというと、転ぶこともなく、なんと私は四人を抜いてトップでバトンを渡すことができました。それはカッコよかった。わがチームは二位でゴールしました。なにより子供がおおいに喜んでくれました。友達からも「○○ちゃんのお父さんのおかげ」と言われて、モテモテだったそうです。それ以来、私の信用は高まり、子供は私の言うことによく耳を貸すようになりました。

この話を読んで、スポーツの不得意なお父さんは不愉快になったかもしれません。しかしガッカリすることはありません。他のことで得意なことがあるでしょう。絵が上手な人もいます。楽器や歌が上手な人もいます。書道の上手な人もいます。俳句や和歌を上手に作る人もいます。テントの張り方やバーベキューの得意な人もいます。碁や将棋の得意な人もいます。

自分の得意なことに子供を誘って、得意技を子供に見せましょう。そういうことでは、大いに自慢していいのです。謙虚に黙っていたり、遠慮することはありません。見せびらかしていいのです。子供が競争心を燃やして挑戦してきたら楽しいですね。

お父さんの影響で、親と共通の趣味を持つようになる例は多く見られます。私は囲碁が得意で、大学の授業で囲碁を教えているくらいですが、囲碁ができる子は、たいていお父さんから手ほどきを受けています。もっともこのごろは囲碁マンガの『ヒカルの碁』の影響で、親が碁を知らなくても、子供のあいだで囲碁がブームになっています。

囲碁は老年になってもできる高尚な趣味ですから、囲碁を子供のときに覚えたら一生の財産になるでしょう。ブームのおかげで、今は各地に「子ども囲碁教室」がたくさんできていますから、子供に囲碁を習わせるチャンスです。子供と一緒にお父さんも囲碁を覚えてください。

たいてい子供の方が上達が早いので、カッコイイというわけにはいきませんが、共通の話題ができることと、子供に自信をつけさせる効用はあると思います。

教える

本書のはじめに育児が好きなお父さんの話をしましたが、お父さんの中には、子供にいろいろなことを教えることの好きなお父さんもいます。いわば「教え魔」のお父さんです。

とくに自分の好きな趣味、得意なこと、などを子供に教えたがります。あまり熱心になりすぎて、かえって子供に嫌われたり、強制したためにせっかく教えようとしている趣味を子供が嫌いになったりします。

じつは私も「教え魔」で、いろんなことを子供に教えようとしました。

どうも父親というものは、子供にいろいろなことを教えようという本能のようなものがあるのかもしれません。多分、大昔は生活する上での知恵とか技術を早く教える必要があったのでしょう。自分がいつ死ぬか分からないので、小さいときから自分で生活できるように、必要な知識や技能を教えよう教えようとする気持ちが遺伝子の中にできあがったのではないかと私は仮説を立てています。

教えようとする気持ちが本能的なものかはともかくとして、子供好きな人ほど、子供に教えたくなったり、教えるのが楽しいようです。

教えるのを無理強いしたり、強制するのでなければ、子供の方も小学生までなら、お父さんから教わることを嫌う子はめったにいません。

その道で一流になった人で、お父さんに最初の手ほどきを受けたという人はたくさんいます。たとえば、いまアメリカの大リーグで活躍中のイチロー選手は、小さいときからお父さんに野球の手ほどきを受け、鍛えられ、またプロになってからもいろいろとアドバイスをもらっていたそうです。

『お父さんに教わったこと』という本があります（大谷峯子著、学習研究社）。それを読むと、このお父さんはじつにいろいろなことを娘に教えていたことが分かります。「ボタンのとめかた」「おはしの持ちかた」「茶わんの持ちかた」から始まって、「うがいのしかた」「歯のみがきかた」「風呂に入ったときの耳の洗いかた」「あいさつをしろ」「ぬいだら、はきものをそろえる」という行儀作法から、「自転車の乗りかた」「剣道の素振り」「俳句のつくりかた」「ざるそばの食べかた」「包丁の持ちかた」「トンカチの打ちかた」「ほうきの使いかた」「マッチのつけかた」「年寄りには席をゆずれ」などなど、あらゆることにわたっています。

中には「男に負けるな」とか「寒いと思うから寒い」などという無茶なことも出てきます。また「本を読め」と言って「しかし自分はほとんど読まない」とか、「日記をつけろ」と言って「もちろん自分はまったくつけない」というユーモラスな註がついていたりします。それにしてもじつにマメなお父さんですね。

私の幼児から小学生のころは戦中戦後で、親は働くことと、子供に食べさせることで精一杯で、子供に何かを教えるなどという余裕はまったくありませんでした。だから親から何かをじっくりと教わったという記憶がないのです。

その反動でしょうか、私も娘にいろいろなことを教えました。鉄棒の逆上がりや自転車の乗り方、バレーボール、たこ揚げ、水泳、囲碁、テニス、スキー……とこうし

teaching

て挙げてみると、ほとんどが体育系ですね。娘のほうも体を動かすことが好きで、喜んで教わったので、おかげで病気らしい病気をしたことがありません。

勉強は、小さいときにちょっと教えたことがありますが、あるとき間違ったことを教えたら学校で恥をかいたらしく、それ以来信用を失ってしまい、教わってくれなくなってしまいました。

行儀作法や立ち居振る舞いについては、母親に任せっきり。というより、そういうことは親を見ていて、自然に真似して覚えたようです。料理は小さいときから母親から教わっていました。料理を教えるのは、小さいときほどうまくいきます。ただし「お手伝い」にはならないので、かえって世話がかかります。そのかわり喜んでやるので、子供のためにはよいのです。

子供は親からなにかを教わることを、とても喜びます。教わる内容よりも、親と一緒になにかができるということがうれしいのです。親の愛情を肌で感ずることができるからでしょう。

ただし、気をつけなければならないことがあります。それは親が熱心になりすぎることです。あまり一生懸命に教えようとすると、「前に言っただろう」とか「こんなこともできないのか」などと言ってしまいます。親の方は励ますつもり、またはもっとよいやり方があることを教えるつもりでも、子供の方は否定されたと感じてしまうようです。

私も囲碁を教えているときに、「この手は悪い手だ」と言ったらしいのです。もっとよい手を教えるために言ったのですが、子供は「悪い」という言葉が強く感じられて、それで一時碁が嫌いになってやめてしまいました。

親が欲を出しすぎるのは、たいていよくない結果が出ます。上手にならなくても、好きになればいいというくらいの気持ちでやるといいでしょう。好きになれば自然に上達するものです。

でも、上達しなくてもよいのです。お父さんに教わるということ、それ自体がすばらしいことなのです。

第2章

お父さんだからできること

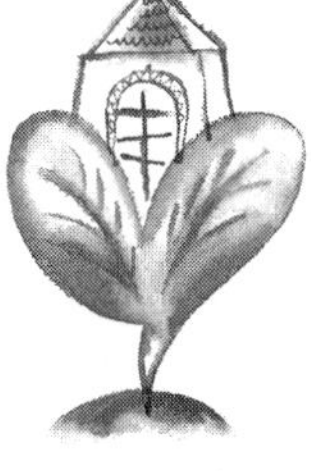

お父さんが与える自信——肯定感と信頼感

人間が生きていく上で自信が必要なことは、いまさら言うまでもありません。自信がない人は、どんなに実力があってもその力を発揮できないのに対して、自信のある人は自分の力量以上の力を発揮することもあります。

フロイトの弟子のアルフレート・アードラーという心理学者は、人間には劣等感がつきもので、それを克服して自信や誇りを持つことが大切であると説きました。

またハインツ・コフートというアメリカの心理学者は、適切なナルシシズム（自己愛）を持っていることが、健全な自我の発達のために必要だということを明らかにしました。

むずかしい学説はともかくとして、自信が人間にとって大切だということは間違いありません。では、その自信をつけるにはどうしたらいいのでしょうか。

よく世間には「褒《ほ》める」ことが大切だ、「褒めれば子供はやる気が出るし、自信もつく」と言う識者がいます。しかし、やたらと褒めさえすればいいというものではありません。

むやみに褒めてばかりいると、子供は天狗になったり、自分の力を実力よりもあまりに高く勘違いして、周りの反感を買ったり、もの笑いにされかねません。またスポーツや囲碁将棋などでは、実際に対戦すると簡単に負けてしまうので、そうなるとかえって挫折感や劣等感を助長してしまう場合さえあります。

では、自信をつけさせるよい方法はあるのでしょうか。その点で参考になるのが世《ぜ》阿弥《あみ》著『風姿花伝《ふうしかでん》』です。その冒頭にこう書かれています。

「能の稽古はだいたい七歳ではじめる。この年ごろの稽古は、子供自身が無意識にやることのうちに、かならずよい面が自然とうち出され、美しい風情を見せるものだ。舞やしぐさなどの基本的動作、謡《うたい》あるいは烈《はげ》しい動作などに、子供のもっている長所がなにげなく表われるが、その良さを伸ばすためには、その子供のしたいままにやらせるのがよいのだ。いちいち良いとか悪いといって、こまかに教えるべきではない。あまり厳しく注意すれば、子供はやる気を失い、能に嫌気がさしてしまって、それきり上達が止まる結果となる」

このアドバイスはなにごとにも通用するものです。子供が何かに興味をもって始めたときに、したいようにさせておく、親はただニコニコして好意的に見守ることが肝要です。すぐに口出しをして「指導」するのはよくありません。まして無理に型にはめようとして一挙手一投足を直そうとすると必ず失敗します。

子供の所作《しょさ》をいちいち直すと、子供の方はすべて否定されているように感ずるので、反発したり、嫌いになって止めてしまうのです。

たとえば、お習字を教えるときに、そばにつきっきりで、「まだまだとめるな、もっと長く!」「そこで力を入れろ!」「そこで曲げろ!」「そこではねよ!」といちいち「指導」したら、どうなるでしょうか。子供は萎縮《いしゅく》して、筆が動かなくなってしまいます。

それに対して、好きに書かせて、書き終わったら「うん、よし」と頷《うなず》いてやるだけ

で、子供はうれしくなって、また続けるようになります。「よし、上手にできた」くらいで十分なのです。父親から肯定的な評価をもらったり、好意的に見守っていてもらえることは、子供に最大の励ましと喜びを与えるのです。その場合に、なにも大げさに褒めたり、おだてる必要はありません。「うん」と頷くだけでよいのです。

子供は親からの合図を、ただ言葉で受け取るだけではなく、その場の雰囲気からも受け取っています。むしろ言葉よりも、無言の態度や表情といった雰囲気の方が、メッセージとしては大切な場合があります。

子供は親から肯定されているという自信を持つと、なにごとものびのびとやるようになります。するとどんどん上達するものです。ことこまかに教えるよりも、子供がのびのびやれる環境を作ることが大切です。

父親がなにか得意な趣味やスポーツを持っている場合には、子供がなにげなく真似をすることがあります。自分から「教えて」といって、始めることもあります。そういうときに、子供が少し才能を示すと、とたんに欲を出して、熱心に教えてしまうお父さんが多いのです。

しかし、それをやったとたんに、子供の方がいやになって逃げ出してしまったという、苦い経験のある人も多いと思います。

子供にとって最も大切なのは、父親からの肯定感と信頼感です。父親から認めてもらっているという感覚です。あまり教えすぎると、この大切な肯定感と信頼感を消してしまう恐れがあります。

父親は子供の自信を失わせることのないように、温かく見守ることが大切です。そして、よくできたときや、努力したときには、それを見逃さないで、「よくやった!」と褒めてやってください。

きたえる

前に、子供にいろいろなことを「教える」ことについて述べましたが、「教える」ことと密接に関係しているのが「鍛《きた》える」ということです。

「鍛える」というのは、身体や精神を鍛えて「強くする」という意味です。

「鍛える」とか「鍛錬」という言葉を辞書で引いてみると、第一に「金属を熱して、打って強くする」という意味が出ています。

たとえば、鍛冶屋《かじや》さんが鉄を真っ赤に熱して、それをトンテンカンと打って、水の中にジュッと入れる。いかにも鉄に辛くあたっているようだけれども、あれによって鉄は強くなって、折れなくなるのです。

そのイメージから、人間に対しても、厳しい課題を課して、修練や修行をさせて、技術を習得させたり、心身を強くすることを「鍛える」と言うようになりました。

ところで、人間には「強さ」など必要ない、いやむしろ危険だと考えている人もいます。すなわち「強さを持つから人間は他人を攻撃したり、傷つけたりするのだから、強さなどを持つように教えること自体が間違いだ」と主張する人たちもいます。

しかしその意見は「強さ」というものを、ただマイナスのものと勘違いしています。「強さ」にはマイナスばかりでなく、プラスの働きをする場合もあります。つまり「強さ」には悪い攻撃性として現われるものもあるし、逆に悪い攻撃性を抑制する働きもします。簡単によいとか悪いとは言えないのです。

たとえば、「母は強し」という言葉がありますが、これは子供が危機に遭《あ》ったときに、身を挺《てい》して子供を守る強さを表わした言葉です。自分よりどんなに強い敵に対しても敢然と立ち向かっていく姿に感動した人がこういう言葉を作ったのでしょう。こういう「強さ」はたいへん必要であるどころか、子供の親たちは絶対に持っていなければならない性質と言えましょう。

もう一つ例を出せば、武道では必ず習得した技を喧嘩や攻撃のために使ってはならないことを厳しく教えます。そのことをきちんと守ることができるというのも、「必要な強さ」の中に入ります。武道や職人の修行においては、技術の習得のためにも精神的な「鍛錬」が必要になります。また人生の目標を決めて、それに向けて努力していく場合にも、かなりの精神的な強さを必要としています。

「強さ」は使い方しだいで、悪いものにも、よいものにもなります。はっきりしているのは、人間は生きていくために心身の強さが必要だということです。

このごろは、少しの困難に遭うだけで、簡単に挫折してしまう子供が増えています。親は、子供が必要な強さを持てるように、鍛える義務があります。

鍛えるという原理は必要ですが、ただし人間は鉄ではないので、叩かれるのに比例して強くなるというわけにはいきません。軍国主義の時代には、体罰当然のスパルタ教育が盛んでしたが、今では体罰をしても子供は強くなるどころか、萎縮してしまったり、やめてしまうので、かえって逆効果です。

もっと悪いことには、暴力をふるわれた子供は、自分より弱い子供をいじめる傾向があることも分かっています。暴力をふるわれた子供は、精神力が強くならないで、

恨みや憎しみばかりが強くなり、他人を傷つけるような人格になってしまいます。

鍛える義務があるといっても、やみくもにスパルタ式に厳しくする必要はありません。子供を鍛えることは、厳しさ半分、楽しさ半分くらいが、ちょうどよいのです。

というより、楽しさを味わうと、子供は少々の厳しさには耐えることができます。好きになったことは、自分からすすんで練習をするものです。楽しんでやっているうちに、自然に鍛錬になっているというのが、理想です。親が強制して、子供はいやいやさせられている、という状態では、鍛えられるということ自体が嫌いになってしまい、結局鍛えることにも失敗してしまいます。

とは言っても、子供が好きになるまで待っているというわけにもいきません。最初はある程度強制が必要な場合もあります。このごろの子供は苦労をいやがる傾向があるので、苦労の末にすばらしい体験が待っているなどという経験をする機会が減っています。

たとえば、山登りでは、苦しい登りを克服して頂上について爽快感を味わえば、登りの苦労も喜びや感動に変わります。いやなことを経験させないように、ということでは子育ては失敗です。ただ楽しいことを与えられるのではなく、自分の努力によって得る。そういう「苦あれば楽あり」といった体験を持たせることが大切です。

感動を与える（1）

皆さんは子供のころに感動した経験がありますか。その感動を覚えていますか。忘れている人は、子供のころの感動を思い出してください。

三つ思い出すことができたら合格です。感動したことを五つも思い出すことができるという人は、ほんとうに幸せな人です。人生の中で感動することに、人に、出会えるということはすばらしいことですね。

その感動を父親から与えられたという人はいますか。私の独断かもしれませんが、父親から与えられた感動というものは、一味違うように思えます。なんというか、大切にしまっておきたい宝物のような感じですね。

父親から感動を与えられた経験を持つ子供は、高いものを目指すようになります。

無気力になったり、ケチないじめや品性のないことに一生懸命になったりはしません。世の中には高いものや美しいものがあるということを体験するので、高い志を持つようになり、それに向けて努力することができるようになります。

しかし、このごろの子供は感動する機会が少なくなっているように見受けられます。また醒《さ》めているというか、ちょっとのことではなかなか感動してくれません。

ですから、皆さんも、自分の子供にどうしたら感動を与えられるか意識的に工夫する必要があります。

では、感動を与えるには、具体的にどうしたらいいのでしょうか。子供が小さいころはゴキブリを退治しただけでも感動してくれるから楽なんですが、中学生や高校生になると、なかなか感動を与えることは難しくなります。よく世間では「子供は父親の背中を見て育つ」と言いますが、それも一つの感動のあり方です。「お父さんはよく働くなあ、一生懸命やっているなあ、偉いなあ」というのも、たしかに感動です。しかし父の後ろ姿を見ているだけの感動では、私は不十分だと思います。

やはり、面と向かってお父さんと付き合ってみたり、その体験談を聞いてみたり、あるいは何かを一緒にしたり学んだり、そういうことを通じて与えられる感動の方が、生《なま》の感動として印象深いと思います。

平成十三年の夏にＮＨＫの教育テレビの「父親」特集に出演したときに、子供たちの言い分として、「お父さんは自然を味わわせるといって毎年山とかに連れていくけれど、ちっとも面白くない、ディズニーランドに連れていってくれる方がいい」と言う子がいました。

私はそのお父さんにこう言いました。

「ただ山に連れていくだけでは、自然のすばらしさを教えたことにはなりません。すばらしいもののある場所に連れていくとか、積極的に動いて見せなければ、子供は自然を味わうことはできないですよ」と。「たとえば、朝早く起こしてご来光を見せるとか、少し上に登って高山植物を見せるとか、そういう努力をしないで、ただ車を運転して連れていき、あとは寝ころんでいるだけではダメですよ」とアドバイスをしました。

感動を与えるためには、それなりの工夫や努力が必要になります。それと大切なことは、自分自身が感動する心を持っていなければなりません。自分の心がひからびていてはどうしようもありません。父親はロマンチストでなければならないと思います。

自分のことを言うのは気が引けますが、私の父はよく感動を与えてくれました。そのうちの二、三の例をご参考までに紹介してみたいと思います。

私が覚えている人生最初の感動は、私が五歳くらいのときのことです。そのころは戦前ですから、私の家のまわりは一面の桑畑でした。真夏の朝早く、まだ暗いうちに父親にたたき起こされました。父は「ついてこい」と言って裏の桑畑の中に入っていきます。そして、なにやらもぞもぞとうごめく虫を二、三匹つかまえてきて、ネズミ取りの中にとまらせて、「見ておれよ」と言って、どこかに行ってしまいました。

私は「見ておれ」と言われたので、仕方なしにじっと見ていました。すると虫の背中が割れて、中から何か出てきました。そして背中についているシワクチャだったものが、自動的に伸びていきます。羽の形になって、それはそれは美しいまっ白な色になりました。その次にはきれいな緑色になりました。もう息を飲むほどの美しさでした。それがだんだん茶色になり、最後は焦茶色になると、なんといつも見慣れていいた油蝉《あぶらぜみ》になったのです。「油蝉はこうして生まれるのか！」と、すごい感動でした。これが私の人生最初の感動です。

大人の言葉で言えば、生命の神秘を感じた瞬間です。その後、蝉は地中で十何年か過ごし、そうして地上に出てきて一週間しか生きていないということを学びました。その地中の生活から地上の生活に変わるときに、あんな見事な変身をするのかと、改めて蝉の脱皮のシーンを思い出しました。

私の父親に対する信頼とか尊敬の感情は、たぶんそうした体験をいくつも与えてくれたことから来ていたように思われます。

次に、私が父親から与えられたもう一つの感動の例を述べさせていただきます。

感動を与える（2）

父が与えてくれた感動で、もう一つ今でもよく覚えているのは、小学校二年生のころに、父が毎晩お話をしてくれたことです。

そのころは太平洋戦争が末期になり、今思うと、父はいつ兵隊に取られるか分からないという状況でした。いつ死ぬかもしれない、という中で、何かを与えておきたいという思いがこめられていたのだと思います。父は自分が読んだ小説などから、面白そうなものを、子供むけに自分流に勝手に変えたりしながら、楽しく話してくれました。話すこと自体を自分が楽しんでいたと思います。

軍国主義たけなわのころなのに、そして父親自身も軍国主義者だったはずなのに、どういうわけか軍隊の話とか、勇敢な兵士が手柄を立てた話をされた記憶がなくて、一番印象に残っているのが、ヴィクトル・ユゴーの『ああ、無情！（レ・ミゼラブル）』でした。どういうつもりで父親が『ああ、無情！』の話をしたのか、残念ながら聞かないままになってしまいました。あの小説はじつに手に汗を握る場面とか、感動的な場面がたくさん出てくるでしょう。

主人公のジャン・バルジャンは貧乏で食べるものもなくて、最初はただパンを一個盗んだだけですが、監獄に入れられて、そのたびに脱獄するので、だんだん罪が重くなっていきます。しかし立派な人になって、人々から慕われて、ある町の市長さんになっている。

ある大雨の日に、馬車が横倒しになって、女性が下敷きになってしまう。その馬車を起こすことができるのは、力持ちのジャン・バルジャンしかいない。でもそれをしたらジャン・バルジャンだということが分かってしまう。取り巻いている群衆の中には、彼をジャン・バルジャンだと疑ってしつこく付け狙うジャベール警部が見ている。迷ったすえに彼は決断をして、馬車の下に入り、馬車を起こします。そして人々が喜びに騒いでいるあいだに、ジャン・バルジャンは市長の地位を捨てて忽然《こつぜん》と姿を消し

てしまった。

これが父の話したジャン・バルジャンの物語です。じつはこの話は原作に少しも忠実ではないのです。原作では馬車の下敷きになったのは女性ではなく老人でした。またジャン・バルジャンはすぐに姿を消したのではなく、しばらくしてジャベールがきて「私はあなたに謝らなければならない。どこそこの町で本物のジャン・バルジャンが捕まりました」と言ったからです。ジャン・バルジャンは罪のない人を罪人にするわけにはいかないというので、自ら名乗り出るというのが原作の筋です。しかし父はそういう複雑なところはすっとばして、その場で姿を消してしまったことにしたのでしょう。じつに単純明快で、子供にもよく分かる話になっています。

ジャン・バルジャンの話は相当長く続いて、毎晩の楽しみでした。

ジャン・バルジャンはコゼットという可哀相な娘を助け出して、かくまっています。その隠れ家がジャベール警部にかぎつけられてしまう。ジャベールがドアの把手《とって》に手をかけた！　というところで、父が「今日はこれまで、また明日」となる。次の日になると、「ジャベールが部屋の中に踏み込むと、中はもぬけの殻で、窓の外に縄ばしごが揺れていた」というので、子供たちは「なあんだ」とホッとする、といった具合に、うまいことハラハラさせたりホッとさせたり、感動を盛り込んだりと、「講釈師、見てきたように嘘《うそ》を言い」を地で行くような語り口でした。

私の父親は、山の上でご来光を見せてくれたり、初めて海に連れていってくれたり、いろんな形で感動を与えてくれました。学校の校長として、さっそうとしており、先生や生徒たちから慕われていました。私はそういう父の姿を誇らしく思って少年時代を過ごしたと言えます。

父を尊敬していたり、父から感動を与えられた子供は、「ああいうふうになりたい」とか「ああいう生き方がすばらしい」というように、子供なりに目標ができます。心の中に高いもののイメージができます。「世の中にはすばらしいものがありうるのだ」ということを知ることができます。そういう子供は決して無気力少年にはならないものです。無気力になって閉じこもる少年の多くが、父を尊敬していないし、目標というものを持ちえていないのです。

さて、高いもののイメージの中で最も高いものは神のイメージでしょう。神のイメージを具体的に持っている人は、それを基準にして自分を高めようとするし、またそれを目標に人生を生きていこうとします。くじけそうになったときには、神が見守ってくれているとか、努力していればいつかは助けてくれると信じて、頑張ることができます。悪いことをしそうになったときには、神を思い浮かべて思いとどまることができます。奇跡や僥倖《ぎょうこう》が起きたときには、率直に感動し神に感謝することができます。

子供には、小さいときから、超越した存在を畏《おそ》れ敬う機会を与えるのが望ましいと思います。各家庭には先祖代々の宗教があったり、親が信仰している宗教があります。それを押しつけではなく自然な形で共に参加させましょう。もしたとえ子供が成長してその宗教から離れることがあっても、心の中に培《つちか》われた超越的なものへの畏れと敬愛の念は消えるものではありません。

第3章

家族のコミュニケーション

食事を一緒に

皆さんは週に何回、家族そろって夕食を食べますか。お父さんが仕事で忙しくて、いつも帰りが遅いので、夕食はいつも母親と子供たちだけ、またはそこにおばあちゃんが加わることもある、といった家庭も多いのではないでしょうか。

食事にお父さんが加わるのと、加わらないのとでは、家族のあり方に、また子供の様子に、どんな違いが出てくるでしょうか。

「食べる」という行為は、ただ栄養を摂取して身体を発達・維持させるという物理的な必要を充たすだけのものではありません。

食事は第一に、楽しいもの、うれしいものです。これは人間が生物であるかぎり、栄養を摂取することが快楽を伴うように本能的に決まっているからです。つまり食べられるものは、本来、人間にとって「おいしいもの」なのです。それを食べることによって、心もまた満たされるのです。

そういううれしい場所に家族がそろって食べることによって、家族の楽しさ、うれしさ、心地よさが倍加するのです。

多くの宗教では、たいてい食事のときにお祈りをしたり、手を合わせて神様に感謝したりします。食事を与えられるということ、家族そろって食事ができることは、神様のおかげだという感覚があるからです。それだけ大切なことだという意味です。

食事の中で味わえるものは、単に「母の味」だけではありません。楽しい雰囲気、幸せな感情、美的感覚、家族の絆も味わうことができます。

こういう食事の価値をますます増すのが父親の存在です。父が食事のときにどっしりと中心にいると、子供たちは必ず食卓のまわりに集まり、きちんと行儀作法を守って食べます。

しかし父がいないと、子供たちは行儀が悪くなり、バラバラの時間に食べたり、好きな時間に勝手に食べたり、また「個食」と呼ばれているように一人で食べるようになりがちです。

食事のときに父がどっしりと中心にいることは、家族の「まとまり」の象徴でもあるのです。

子供から見ると、それぞれが今日あったことをお父さんに話すというのは、それはうれしいものです。とくに何かいいことがあったときなどは、お父さんに聞いてもらうことを楽しみにしているはずです。一言「それはよかったな」とか「よくがんばったな」と言ってあげると、子供にとっては、たいへんな励みになります。そういうことを通じて家族の絆も強まり、しつけもきちんとできるようになります。

子供と一緒に食事をすると、なによりも子供の様子が分かります。楽しそうにしているか沈んでいるか、元気があるかどうか、明るくふるまっていても、ふと陰りがあるかとか、気が散っているとか、いろいろなことが分かります。いつも一緒に食事をしていると、ちょっとした違いも直観的に分かるものです。

行儀作法といわれる躾《しつけ》も、食事のときが一番しやすいものです。「箸のあげおろし」にまで口をだすというのは、よくないことのように言われる場合がありますが、「箸

のあげおろし」の仕方は大切です。それは躾の基本と言ってもいいくらいです。「姿勢を正しく」とか「ごはんを口に入れたまましゃべらない」とか「茶碗の持ち方」「箸の使い方」など、正しい躾をしたいものです。

ただし、躾という点については、気をつけなければならないことがあります。よく食事のときに子供を叱る親がいます。もちろん食事のマナーに反する場合は、その場で注意しなければなりません。しかしその場のマナーについてではなく、今日子供がやった失敗だとか、悪いことを、食事のときにまとめて叱るというのは、よくありません。

説教や叱るのは、食事とは別のときにして、食事のときに「ついでに」叱ってはいけません。食事は純粋に食事を楽しむというのが、本来の姿です。

ときには、不機嫌な顔をして長々とお説教する父親もいます。それでは、せっかく楽しいはずの食事の時間が、いやな時間になってしまいます。それが毎日となると、だんだん「食事の時間」が不愉快な時間だという感情が刷り込まれてしまいます。

すると少し大きくなってくると、できるだけ食事は外でしたい、家族と一緒にはしたくない、といって、家で食事をしなくなってしまいます。食事は怖い雰囲気でなく、ゆったりとした、楽しい雰囲気でできるように、気をつけましょう。

そのためには、親自身の心が安定していることが必要になります。心の中にある怒りなどの悪い感情は、食事までには自分の中で解決しておきましょう。夫婦喧嘩をしたら、夕飯までには仲直りなり、解決なりをしておくようにしましょう。

本当ならば朝飯も一緒だといいのですが、朝はどうしても忙しいので、ゆったりと食事と会話を楽しむのは、やはり夕食が一番です。

少なくとも、夕食にお父さんがいる回数をできるだけ増やしたいものです。

お母さんを大切にするお父さん

親の夫婦関係が子供に大きな影響を与えるということは、誰もが認めることでしょう。夫婦の仲がよければ、家庭の雰囲気は必ずよくなります。そうすれば、子供は外にいても早く家に帰りたいと思い、不必要に街でぶらぶらしているなんていうこともなくなります。

逆に夫婦の仲が悪くて、いつも喧嘩ばかりしていたのでは、子供は家が楽しくないし、暗い感じがして家に寄りつかなくなり、街でぶらぶらしているうちに悪いことを覚えたりします。

家に帰ったときに、明るく電気がついていて、家の中も温かで、母親が笑顔で「おかえり」と言ってくれて、おいしいおやつなり温かい食事が用意されていたら、幸せを感じない子供はいません。

母親が子供に笑顔で接することができるためには、夫婦関係がうまくいっていることが絶対に必要になります。母親が夫から大切にされていると感じるなら、子供が可愛いという感情も素直に湧いてくるものです。母から可愛がられている子供は、性格も素直だし、優しい子に育ちます。

子供から見ても、お父さんがお母さんを大切にしている姿を見るのは、それはうれしいものです。というのも、子供というものは、口には出さない場合にも、お母さんをそれは大切に思っているものですから、その大切な人が親切にされたら、うれしく思わないはずがないからです。

お母さんの仕事がたいへんなときにお父さんが進んで手伝うとか、お母さんの体調が悪いときにいたわって代わりにしてあげるとか、いろいろと気づかってあげると、子供たちはうれしいだけでなく、進んで真似をして、母をいたわるようになります。

お父さんがお母さんを大切にすると、子供たちはお父さんを好きになります。それは単にお母さんが好きだから、その好きな人を大切にするお父さんが好きになるという、簡単な因果関係ではありません。

縁あって夫婦になった人を大切にするということ、それ自体が好ましいものと感じられるからです。それにいくら男女同権だといっても、やはり女性は体力的に弱い人が多いものです。その弱いところをいたわり、支えてあげるという行為は、誰が見ても好ましいものと感じられるのです。

そういう理屈をぬきにしても、とにかくお母さんを大切にするお父さんというものは、どこか人間的で温かいものを感ずるものです。だから妻を大切にする夫がいる家庭は、かならず温かい雰囲気を持っており、家族が互いに仲がよく思いやりを持っているものです。

夫婦が互いに大切にしあうという気持ちがあれば、必ず子供を大切に思うものです。親が子供を大切にすれば、子供は親を大切にします。昔から子供は親に孝行をしなさいと言いますが、「しなさい」とお説教をしても、するようにはなりません。子供の性格は、親によって決まります。親が子供を大切にするのが先です。親から大切にされた子供は、必ず親を大切にするようになります。

逆に夫婦が互いに大切にしないで、対立していたり、喧嘩ばかりしている夫婦は、子供のことどころではなくなって、子供がどんな心でいるか、何を感じているか、どれだけ嫌な思いをしているか、とんと関心を持たないものです。そういう親の子供は、大人になっても親に孝行する子供にはなりません。

私は夫婦カウンセリングとか、家族カウンセリングというものも手がけていますが、夫婦が互いの仲の悪さを解決したいと考えることだけでも、すばらしいと言えます。夫婦の仲が悪いと子供に悪い影響があるからなんとかしたいと考える、もっとすばらしい人たちもいます。しかし中には、夫婦仲が悪いから、離婚したほうがいいか悪いか相談したいという発想しかできないで、それが子供にどんな影響を与えるか、考えもしない夫婦もいます。

夫婦の仲が悪いからといって、簡単に離婚を考えるのは疑問です。それよりも互いが大切にしあうという実践をしていく中で、関係をよくしていく努力を最後まですべきでしょう。カウンセリングをしていてつくづく感ずることは、夫婦関係というものは、どんなに性格が違っていても、いくらでも改善する余地があるということです。

家族が互いに大切にしあうという心があれば、ひいては近所の人を大切に、そして地域の人を大切に、さらに地球のすべての人を大切に、というように広がっていきます。

人間どうしが大切にしあう、人間だけでなくすべての生物が互いにバランスをとって生きているということが感じられるもとは、まず家族の中で大切にしあうところから始まります。地球上の人類がみな仲良くできるためには、また全ての生物が平和共存できるためには、まず家族が仲良くすることが基本です。

その基本となるべき、家族どうしの互いのいたわりあいの模範を示すのは、父親の大切な役目です。そのことの第一番の模範として、まず妻を大切にするという態度を示しましょう。夫婦が互いに大切にしあってはじめて、子供を可愛がることができるのです。

お父さんの良さを引き出すお母さん

これまでは、父親が子供に良い影響を与えるためには、どういうことに注意したらいいかについて、お話ししてきました。

しかし、じつを言うと、父親が自分だけの力で良い影響を与えるのは、なかなか難しいものです。父親は子供に対して不器用なところがあるし、物の言い方も下手です。子供とのコミュニケーションや会話も不得意です。

だから父と子の付き合いがうまくいくためには、橋渡しの役目をしてくれる人がいると、助かります。

この仲介の役目に最も適しているのがお母さんです。なぜなら、お母さんはお父さんのことも子供たちのこともよく知っているからです。

子供の目から見ると、お母さんの良いところはよく分かります。優しいところとか、身近なことで何かをしてくれるので、具体的に有り難みも分かります。しかし、お父さんの良さとか、すばらしいところとか、偉いところは、子供たちにはなかなか見えません。「仕事で頑張っている」といっても、子供は仕事場を見たこともないし、また見たところで内容を理解できる場合は少ないでしょう。

家の中でも、お父さんの出番はあまりなくて、特技だとか、立派な意見を示す場がないのです。これでは、子供たちにお父さんを尊敬しろと言っても、尊敬しようがありません。

そこで大切になってくるのが、お母さんの助け船です。たとえば、子供が友達とのあいだでトラブルがあったとか、先生に誤解されて悪く思われているかもしれない、などといった悩みを持っているとします。

そういう悩みを、子供は父親にはなかなか話せません。そういうときに、晩ご飯のときなどに、お母さんが「お父さん、じつはこの子がこんなことで困っているんだけど、お父さんどう思う?」と持ちかけたらどうでしょうか。するとお父さんが自分の

意見を言うことができます。また自分の子供のときの体験談を話してあげることもできます。お父さんの話が役に立ったとか、参考になったという体験をすると、子供はお父さんを頼りにして、次からは直接意見を聞いてくるかもしれません。

直接に子供の悩みについて話し合うということでなくてもいいのです。世の中のこと、事件のこと、いろいろなことについて、お母さんはお父さんに話しかけてください。男というものは、なかなか自分からは話さない人が多いものです。でも話しかけられれば、けっこう自分の考えを話したり、立派な意見や面白い見方を披瀝《ひれき》してくれます。

そういうきっかけで、話題の中に子供も入ってきたりします。子供がだまって聞いているだけでも、必ず子供にとってはよい勉強になったり、心の成長に役だっているものです。親子の会話というものは、「さあ、これから親子の会話をしましょう」といって始まるものではありません。なにげない話題の中から、いろいろな内容が出てくるものです。

お母さんは子供の心の状態を身近にいて知っているので、どんな話題を選んだら子供が興味を示すか分かっているだけに、会話をリードすることもできるはずです。

またお母さんはいろいろな家族行事をお膳立てすることもできます。あるいは、子供に「お父さんとどこどこに行ってきたら」とか、お父さんの得意なスポーツや趣味を「教わったら」と、勧めてみることもできます。お父さんに「遊んでやって」と頼むこともできます。また、どんなおみやげがいいか、こっそり教えてあげることもできます。

そうやって、お父さんと子供のあいだを取り持って、互いのコミュニケーションをすすめるのは、お母さんでなくてはできない役目です。お母さんがお父さんの良さをそれとなく引き出す役目をしている家庭では、たいてい父と子の関係がうまくいっています。

「それは妻に依存しすぎだ」とか「妻の助けがなければ、子供とも付き合えないとは情けない」と批判する人がいるかもしれません。男性の中にはおみやげくらい自分で買う人のほうがこのごろでは多いでしょうね。

しかし、絵本の買い方が分からないという人もいます。何を買ってやったら子供が喜ぶか分からない場合もあります。そういう人は妻からアドバイスを受けたり、助けてもらうことは決して悪いことではありません。

助けたり、助けられたりすることは、むしろ必要なことです。人間の社会は助け、助けられて成り立っています。互いに助け合うことはすばらしいことです。

夫婦が助け合ったり、かばい合ったり、立て合ったりしている姿を見せることは、子供にとっても大切な心の財産になります。

このごろでは「自立、自立」と言って、夫婦のあいだでも「自立」が目指されていますが、本当の自立とは夫婦が無関係になることではありません。自立した上で助け合うのが正しい姿です。間違った自立思想によって、夫婦の協力や助け合いまで否定してしまわないように、気をつけましょう。

親子の会話ができないお父さんへ――間接的対話のススメ

親子の対話が大切だとよく言われます。たしかに親子の対話は大切です。

親といっても、母親はわりあい気軽に子供と会話をします。しかし父親はなかなかうまく子供と話ができない人が多いようです。とくに思春期の子供は父親を敬遠し、父親と話したがらないので、やっかいです。

だいたい男というものは一般に「おしゃべり」が下手です。「おしゃべり」を苦痛に感ずる人もいます。

ベストセラーになった『話を聞かない男、地図が読めない女』(邦訳、主婦の友社)という本によると、女性は生まれつき「おしゃべり」が好きで、「おしゃべり」自体を楽しむ、「おしゃべり」をすると気分が晴れるように脳ができているのだそうです。

しかし男性にとっては、会話とは必要なことを伝えるためのものです。会話それ自体を目的にして何かしゃべれと言われても、困ってしまうのです。

だから、いざ子供と対話をしなさいと言われても、「何を話していいのか分からない」ということになってしまいます。

無理に何か言おうとすると「勉強やっているか」などと、子供にとって一番いやなことを言ってしまい、子供から嫌われてしまいます。

あるお父さんは、子供と共通の話題を探そうとして「これこれについて、お前どう思う」と聞いたところ、子供から「面接されているようだ」と言われてしまいました。真正面から意見を戦わせようとしたのでは、子供は引いてしまいます。

では、口べたなお父さんはどうしたらいいのでしょうか。

無理に話をする必要はないというのが、私の答えです。会話が下手なら、下手なりに対策を考えたらいいのです。

まず発想を転換しましょう。対話だけがコミュニケーションの手段ではありません。直接対話をしなくても、間接的にコミュニケーションができればよいのです。た

とえば、母親を仲介にして、間接的に伝わればいいのです。

私も娘が思春期のころは、ほとんど直接的な会話をしませんでした。妻を通して互いに言いたいことを言うという関係でした。成人してから娘は「お母さんに話しておけば（お父さんに）伝わると思っていた」と言いました。

とくに思春期の娘は母親とは気軽に話をしますが、父親とは距離を置きたがるもので、それは健全な成長のしるしです。そこへ無理に割り込んでいくと、反発してしまいます。そういう心理の機微《きび》を尊重して、無理に接近しない方がいいのです。

つまり対話はもっぱら妻に任せて、必要な内容は妻から聞くようにする、また伝えたいことなどは妻に言っておけば、娘にも伝わるということにすれば充分です。思春期の子供は微妙ですから、かえって直接的な関係でない方がいい場合が多いと言えます。

では息子の場合はどうでしょうか。困ったことに息子は母親とも距離を置きたがります。父親はもちろん、母親とも口をきかないことが多いものです。

息子の場合は、思春期になって急に対話をしようとしても、たいてい失敗します。

小さいときに父親の趣味を教えておけば、その趣味を一緒にするだけで貴重なコミュニケーションになります。また趣味についてなら息子も気楽に話すので、会話もはずみます。

そういう機会を逃した父親も、ともかく夕食だけは一緒に取るようにしましょう。ただし、無理に会話をしようとして、まともに意見を聞いたり、息子自身のことを話題にするのは下手なやり方です。話題には息子とは関係のないことを選んで、意見を聞くとよいでしょう。たとえば、「お前は地べたに座っていないだろうな」

「そんなことしねえよ」

「ああいう連中はどうして地べたになんぞ座るんだろう」

「そんなことオレ知らねーよ」

ここでお母さんが割って入って、

「このごろの若者は体力がないっていうから、疲れるのかしら」と言うと、息子は「汚いっていう感覚がないんじゃねーの?」とか「反抗してるんじゃねーの?」などと、初めて核心をつく意見を言うかもしれません。

これだけでも立派に対話が成立しているのです。

子供に、いまどきの若者言葉の意味を教えてもらうのもいいでしょう。また子供が知らない言葉が出てきたら、説明してやれば、案外きちんと聞くものです。

こういう場合にも、お母さんのちょっとした手助けや心配りは、大きな役割をはたします。お母さんは父子関係の潤滑油か通訳のようなものです。口べたな父親と息子のあいだに立って、両方を取り持つ役目です。

お父さんというものは、親子の対話が不得意だという前提で考えた方がいいのです。不得意を得意にしようと奮闘するより、不得意なままでよいと考えましょう。不得意なりに工夫をすればよいのです。

第4章

「きょうだい」と「一人っ子」の育て方

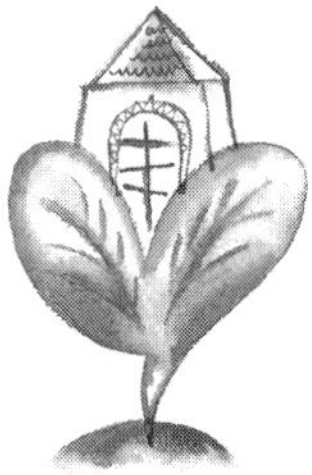

きょうだいと平等

この章では、きょうだいの扱い方について、述べていきたいと思います。父親にかぎらず、母親にとっても、きょうだいの関係をどう調整するかということは、なかなか頭の痛い問題です。

きょうだいに喧嘩はつきものですが、親がきょうだいを平等に扱わないと、きょうだい喧嘩が激しくなったり、頻繁になったり、また陰湿になる場合さえあります。しかし一口に平等といっても、どうすれば平等に扱うことになるのか、実際には単純でなく、なかなか難しい問題です。

最も多く見られるのが、なんでも一律に平等にするという方法です。子供の年齢や性別にかかわりなく、機械的に同じにしてしまう。もちろん男子と女子とでは着るものは違うけれども、その他のことはできるだけ同じにする。この「一律平等」という方法は、単純明快で楽なので、非常に多くの親が取っている方法です。

この方法をよいとする考え方の典型は、昔の小学校の教科書に載っていた「お母さんのてのひら」という壺井栄《さかえ》さんの作品です。それは次のような内容でした。

きょうだいが二人あって、お母さんがおやつに煎《い》り豆を用意してくれて、二人に一握りずつ配ってくれた。子供たちは豆の粒を一つ一つ数えてみた。すると二人ともまったく同じ数だった。無造作に握って分配したように見えるのに、豆の粒は同じ数だった。母の愛情がいかに平等に与えられているか、その公平な愛情を表わしているのが「母の手」だった、という作文です。

なかなか感動的な話ですが、親の愛の公平さについて考えるときには、それだけではすみません。

このごろの母親でも、ケーキを三人に配るときには、物差しで測るという人がいるそうですし、測らなくてもきっちり三等分する特技を持っているお母さんもいるそうです。

おやつの豆の数やケーキの大きさは機械的に同じにすることができるし、それで子供は一応納得します。しかしすべての事においてこのような機械的な平等を貫けるでしょうか。またそれでいいでしょうか。

たとえば、年齢によってできることとできないことがあるという場合には、機械的平等はかえって不満をつのらせることになります。

具体的な例を挙げると、自転車を買ってやるという場合に、上の子は乗れるけれども、下の子はまだ無理だという時期に、あなたならどうしましたか。またはどうするつもりですか。

かりに上の子が八歳で下の子が六歳だとしましょう。上の子は自転車に乗れるでしょうし、安全に乗るように教えることは可能です。しかし六歳だと乗れるようになるのは難しい上に、規則を守って安全に乗れるかどうか心配です。

その場合に、一つの解決方法は、上の子にだけ与えて、下の子には「八歳になったら買ってあげるよ」といって、二年間我慢させるやり方。もう一つの方法は上の子に二年間我慢させて、下の子が八歳になったときに二人同時に与えるというやり方。

たいていの親は、上の子に我慢させる方が楽なので、下の子ができるようになるのを待って同時に与える方法を取るものです。この方法の難点は、上の子がいつも我慢させられたり、能力の開発が遅らされることです。下手をすると大きくなってから上の子の不満が爆発することもあります。

かといって、下の子に我慢させる方法は、下の子がいつも我慢させられているという欲求不満を持つことになり、これも弊害が出てきます。

ではどうしたらいいでしょうか。こんなとき、お父さんの出番です。お父さんが原則を示すのです。その原則とは、まず単純な形式的平等にすべきことと、年齢や性別を考慮に入れた実質的平等にすべきこととを、明確に区別するのです。

さきほどの例で言うと、食べ物については形式的平等でいいでしょう（それでも高校生と小学生とではカロリー消費も違うし、体の大きさも違うので、完全平等にはできない場合もあります）。年齢が近い場合には、たとえばおやつのケーキの大きさは機械的に同じにするのがいいでしょう。しかし自転車を買ってやる時期、習い事を始める時期や、門限の決め方といった場合には、年齢や性別によって区別することが必要になります。

そういう場合には、下の子には、上の子と同じ年齢になったら同じ扱いをするということを明確に示さないといけません。長幼の順を教えることは必要です。なんでも完全平等という原則だけで育てると、機械的な平等が不可能になる場面で、挫折するような子供になってしまいます。

たとえば、同じきょうだいでも、単に年齢による違いだけでなく、能力の違いもあります。早い話が、進学する学校の序列にも違いが出てきます。そういう違いに耐える精神も養っておく必要があります。そのためには、実質的な違いを考えに入れた上での平等ということについて、日ごろから親はきちんと考え、方針を決めておかなければなりません。

ここでは一般的な原則についてお話ししました。次節からは具体的なケースについてお話しします。

きょうだい喧嘩に親が出る

昔から「子供の喧嘩に親が出る」ことはよくないと言われています。なぜでしょうか。子供たちのあいだには、自然にある種の秩序が形成されていますが、それには喧嘩の強い弱いも関係しています。大人が出てきてその秩序を変えても、子供同士の関係が不安定になったり、混乱して、かえってよくないのです。

また無理に仲直りさせるのもよくありません。とくにこのごろでは、子供が喧嘩をしていると、すぐに大人が出てきて、「喧嘩はやめましょうね」「仲直りしなさい」「ホラッ、握手して！」と無理矢理仲直りさせている光景をよく見ます。

子供というものは、喧嘩をしても、歪んだいじめでないかぎり、すぐにケロリとして仲直りしてしまうものですが、大人が出て無理に仲直りさせると、自分で仲直りする能力が育ちません。

それに、人間というものは本気で喧嘩をして、自分たちの力で仲直りしてはじめて、深いつながりができ、本当の友達になれるのです。親が無理に仲直りさせても本当の心のつながりはできません。

きょうだい喧嘩の場合も原理は同じです。ところが「子供の喧嘩に親が出る」ことはいけないと思っている人でも、きょうだい喧嘩となると、すぐに口を出す人が多いものです。そして九割以上の親が、上の子を叱っています。それは表面だけを見ると、上の子が下の子をいじめているように見えるからです。

たとえば、争いの声がするので行ってみると、下の子が「ワアワア」と泣いている。「どうしたの？」と聞くと「おにいちゃんがぶった」と言う。そこで上の子に対して「暴力はいけません」と叱る。こういうパターンが非常に多いのです。その場合に「どうしてぶったの？」と聞く人はまだましで、いきなり「暴力はいけないと言っているでしょ！」と言って上の子を叩く親もいます。それで公平になったと考えているのだそうです。

親というものは、弱い者、小さい者を保護しようという本能を持っているので、理性を働かさないかぎり、とっさの場合本能的に目の前のいじめられている（と見える）者を守ろうとして、上の子を叱ります。

じつは「どうしてぶったの?」と聞いてみると分かりますが、たいていは下の子が悪いことをして、とがめても言うことを聞かないので、叩くというケースが圧倒的に多いのです。そして上の子が嘘《うそ》をついているというケースはほとんどありません。

上の子は親から厳しく躾《しつけ》をされているので、下の子が躾に反することをしたことに対して、注意をするのですが、下の子は従いません。とくに二、三歳しか違わない場合には、下の子は反抗をして、言うことを聞きません。そこで実力行使をしてでも言うことをきかせようとするのです。言ってみれば、上の子は親のかわりに下の子に躾をしようとしているのです。

こうした場合に、事情も聞かないで、いきなり上の子を叱ると、二つの弊害が出てきます。

第一の弊害は、下の子の人格が駄目になってしまいます。このようなケースについて、私は大学生にアンケート調査をしてみたことがありますが、妹だという人の多くが「下の子は得です、ちょっと泣いてみせると、親が姉を叱ってくれるので」などと書いています。下の子というのは甘え上手で、それで得をすることもあります。この傾向が進むと、下の子は嘘を言ったり、要領よく取り入って得をしようとする人格に育ってしまう危険があります。悪くすると、ずるいことをしてごまかすような人間になる恐れもあります。

第二の弊害は、上の子が親に不信感を持ってしまうことです。「悪い方の弟（妹）が叱られないで、悪くない自分が叱られた」と思うので、親の公平さが信じられなくなるのです。この傾向がもっと進むと、子供は親に対して冷たい態度を取るようになります。しかし原因が自分にあるとは思わない親は、「上の子は冷たい子で」と嘆いていたりします。もし上の子を抱っこしてやろうとするときに、後ずさりしたり、身を硬くしたりする場合には、すでに弊害が出始めていると思った方がいいでしょう。

さて、それでは、親はどういう態度を取ったらいいでしょうか。

きょうだい喧嘩は基本的には放っておくのが正しい態度です。自分たちで解決させるのです。

　しかし放っておくことができないほどに激しくなったり、どちらかの子が訴えてくる場合もあります。そうした場合には、まず原因をよく聞かないといけません。目の前の現象、たとえば「下の子が泣いている」という最終結果だけを見て、一方的に上の子だけを叱るのはよくありません。

　たとえば、下の子が悪いことをして、上の子が叩いたという場合には、まず下の子をきちんと叱ることが大切です。その上で、上の子に「暴力を振るってはいけない」ことと、「もし下の子が言うことをきかない場合には、いきなり叩くのではなく、親に言うように」と言いましょう。「親がきちんと下の子を叱るから、あなたが叩かなくてもいいんだよ」と言いましょう。

　こうすれば、下の子がいい加減な人格になることもなく、上の子が親に不信感を持つこともなくなります。

　きょうだい喧嘩をさばくときには、感情的にならずに、冷静によく事情を把握してから、公平に扱わないといけません。

長男は神経質

昔から「男の子は育てにくい」と言われています。とくに長男は難しいと言われてきました。だから「一姫二太郎」という言葉も生まれたのです。つまり最初が男の子だと育てにくいので、最初は女の子で育児の経験をつんで、慣れたらその次に男の子を育てるという順番が理想的だというのです。

男の子はどうして育てにくいのでしょうか。

男の子を育てている親からよく「分からない」という愚痴を聞きます。どうしてむずかるのか、どうして怒っているのか「分からない」と言うのです。つまり子供が不機嫌になっている原因が「分からない」ので、「育てにくい」ということになってしまいます。

次に、子供の要求は分かっていても、どう対応していいか分からない、という場合もあります。つまり自分の体験や感覚とあまりにもかけ離れたことを言うので、理解もできないし、どう扱ったらいいのかも分からない、というのです。

この両方の場合に当てはまることですが、子供が不機嫌になるのは、子供が神経質だからです。とくに最初の子は神経質ですし、中でも男の子は女の子にくらべて生まれつき神経質な子が多いのです。だから親が考えつかないような細かいことが「いや」だと言って拒否します。たとえば、リンゴの皮がほんの一ミリついているだけで「いや」と言って食べません。

少し大きくなると、たとえば海に行っても、裸足になって砂の上を歩くことさえ嫌います。ましてや水の中に入ることなど激しく抵抗していやがります。砂遊びなども気持ち悪がって手を出しません。

こういう子供に対しては、どう対応したらいいでしょうか。

ひどく怒って泣く子を、よく「癇《かん》が強い子」と言いますが、そういう子は神経質なために不快なことがあり、それを取り除いてほしいと訴えても理解されないので、イライラしている場合が多いのです。

そういう子の要求に対して、親が無神経で気がつかなかったり、気がついても「うるさい」と思って要求を満たしてやらないと、いつまでもグスグスと泣いていたり、激しく泣いたりします。

取るべき態度として、考えられる二つの態度があります。

一つは、神経質な子供に対してあまり神経質に対応すると、子供がますます神経質になってしまうので、適当にいい加減に対応したほうがいいという考え方です。この場合には、子供がいやがることでも、取り除いてやらないで、放っておくことになります。

もう一つの考え方は、子供の神経質を認めてあげて、細かい要求にも応えてやるほうがいいという考え方です。この場合にはいやだということは「しなくていいよ」という態度になります。

どちらが正しいでしょうか。私の見るところでは、どちらかが百パーセント正しいということはないようです。ただし子供の性格にもよりますが、程度があまりひどくない場合には、知らぬふりをして押しつけてしまうと、案外平気な場合もあります。

しかし神経質の程度が強い場合には、下手に強制すると、「嫌い」ということが強く意識化されたり固定化されてしまい、直らなくなってしまう危険があります。少なくとも、そのことが「嫌い」だとか「苦手」だということを意識させるやり方は、あまり上手な方法とは言えません。

また、神経質な子供を一番苦しめるのが、「わがままだ」という非難です。「わがまま」だと誤解して「わがままはいけません!」などと叱る親が多いのです。しかし神経質は決して「わがまま」ではありません。生まれながらの体質とか感覚・神経が繊細すぎるということであり、そのために耐えられないことが多かったり、細かい要求をせざるをえないのです。

神経質だということを非難したり叱ることは最もまずい対応です。とにかく神経質を「悪い」ことだという意識で接するのは厳につつしまないといけません。

ところが往々にして「そんなことができないのか!」とか「そんなことでは人生を生きていかれないぞ」などと叱る人がいます。この態度はとくに父親に多いものです。

そうすると子供は神経質だということをますます意識させられてしまい、その意識にがんじがらめに縛られてしまい、その意識から逃れられなくなってしまいます。こうなった状態を神経症と言います。そこまで行かなくても、子供は萎縮《いしゅく》してしまい、自分にも人生にも自信を失ってしまいます。

そうならないためには、子供、とくに第一子が神経質だということを、親が充分に意識していることが大切です。そしてそのことを否定するのではなく、認めてやることと、無用な圧迫を加えないことが肝要です。緊張させることがいちばんいけません。

簡単に言えば「そっとしておいてやる」、何も言わないで見守るという態度が必要です。その上で大切なのが、普通の感覚、または親の感覚では「非常識」だと思える要求でも、寛大に認めてやるという態度です。

もちろん他人に迷惑をかけたり、不快な思いをさせることは許してはいけません。しかし家族が多少我慢しなければならないことなら、我慢してやることも必要です。そっとしておけば、神経質は年齢とともに少しずつ弱くなっていくものです。

下の子が生まれたとき

二番目の子供が生まれたときに、上の子の扱いにとまどう人が非常に多いようです。下の子が生まれると、上の子はかならず「赤ちゃん返り」を起こします。自分でできるようになっていたこともしなくなるとか、わざと「悪い子」になって、甘えたりわがままを言ったりします。

たとえば、自分で服を着ることができるようになっていたのに、急に「できない!」といって着ないとか、ご飯を早く食べないとか、何をするにもグズグズして早くしない、すぐに癇癪《かんしゃく》を起こすという具合です。

こういう「悪い子」になる症状というのは、じつは「お母さん、お父さん、もっと私に(僕に)かまって!」という合図なのです。今までは親の愛情を一身に集めて、可愛がってもらっていたのに、下の子が生まれたとたんに親の態度が変わって、「お兄ちゃん（お姉ちゃん）なんだから、自分でしなさい！」と言われます。急に親の態度が冷たくなったと感じると、関心を引こうと思って、「できない！」と言うのです。

そういうとき、多くの親はよけいに厳しい態度をとって「お兄ちゃん（お姉ちゃん）のくせになんですか」と叱ります。すると子供は泣いたり叫んだりして、ますます手がかかり、親の方もイライラがつのってきます。

このような症状が子供に現われたら、それは子供が一家の中で「のけ者」にされていると感じている証拠だと考えましょう。親はもちろん「のけ者」にするつもりは毛頭ないのですが、しかし子供の方はそう感じているのです。このギャップに気がつかないと、上の子の扱いを間違えてしまいます。

よく「子供の目線で」と言われますが、目線というより、子供の気持ちになって考えることが大切です。この子の立場だったらどう感じるかを親が感じとってやる必要があります。

では、こうした場合に、具体的にどういうことに気をつけたらいいでしょうか。

まず大切なことは、ことさらに「お兄ちゃん（お姉ちゃん）になるんだよ」ということを強調しすぎないことです。親の方は、これから下の子に手がかかるから、上の子には自覚をさせて、手がかからなくしようと思い、ことあるごとに「お兄ちゃん（お姉ちゃん）になるんだから自分でしましょうね」などと、しきりに言う人がいます。しかしそれでは子供は余計な緊張を強いられて、下の子に対してよくない感情を持つ危険さえあります。

下手をすると、上の子から見ると、下の子が競争相手のように感じられたり、ねたましく感じられることもあります。そうなると、ときには上の子が下の子をいじめたり、暴力をふるってしまう場合もあります。「お兄ちゃん（お姉ちゃん）だから我慢しなさい」とか「お兄ちゃん（お姉ちゃん）だから何々をしなさい」という言い方はかなり危険だと言えます。

そのように言葉で強制する感じを与えるよりも、むしろ赤ちゃんが生まれてくる（生まれてきた）という事実に対して、家族みんなで大切に面倒を見るという雰囲気を自然に作っていきましょう。

その場合に大切なのは、「家族みんなで面倒を見る」という「家族みんな」の中に、上の子も入れてやることです。下の子が生まれる前後はとくに上の子はお父さんと一緒にいることが多くなります。お母さんと離れて寂しい思いをします。

それは赤ちゃんという新しい家族が来るためであり、その新しい家族はとても弱く、特別に面倒を見てあげないといけないものだということを、よく話してやらないといけません。そうすることによって、家族の大切な仕事に自分も協力しているんだという気持ちになれます。

つぎにお母さんが下の子の面倒を見るときに、上の子を邪魔扱いしないようにしましょう。「どいてて」とか「邪魔しないで」などと言うのが一番いけません。むしろそばに居させて、「こうするのよ」と説明しながら赤ちゃんを世話するようにすると、上の子も自分でしているような気持ちになれるし、一緒に参加している気持ちになれます。

少し大きい子の場合は、たとえば四、五歳になっていれば、ちょっとした手伝いをさせると、子供はとても喜びます。赤ちゃんに対する愛情もわいてくるので、下の子を大切に可愛がるようになります。

こうして赤ちゃんを大切にする「みんな」の中に上の子を入れてあげることによって、上の子の心の中に自然に赤ちゃんのお兄ちゃん（お姉ちゃん）だという意識が生まれてきます。この「自然に生まれる」というところが大切なので、親が無理に押しつけるとかえって逆効果になります。

もう一つ大切なことですが、子供の面倒を見るときの父母の分担についても気を使いましょう。たいていの親は、小さい子は母親が、大きい子を父親が分担しています。母親が小さい子の面倒を見ているときに、父親が大きい子を抱っこしたり、ご飯を食べさせたりしています。基本的にはそれでいいし、当然なのですが、しかしそれがあまりにも固定化されたり、いつもそうなってしまうと、上の子がお母さんに甘えられなくなってしまいます。

ときどきは下の子をお父さんがお守りして、上の子がお母さんを独占できるようにしてやることも必要です。上の子といってもまだ幼児ですから、ときどきは母の胸の中で安心して甘えることも必要です。

年齢にかかわりなく、充分に甘えた経験のある子供ほど優しい人間になれるし、スムーズに自立していくものです。上の子も下の子も、同じように可愛がってあげましょう。

下の子の育て方

次に第二子の育て方について書いてみたいと思います。第二子が男の子の場合と女の子の場合では多少の違いはありますが、共通の問題も多いので、参考にしてください。

子供を育てるときの親の態度を見ていますと、たいていの場合、上の子と下の子とでは、育て方が大きく変わるようです。上の子のときには神経質なくらいに衛生に気をつけ、言葉も一生懸命に教え、しつけも厳しくなります。たえず目を配っていて、危ないことをしないように気をつけ、ちょっと熱があるというだけで医者に連れていったりします。

「お兄ちゃんなんだから」「お姉ちゃんなんだから」といって、はめをはずすことを許されない。枠をはめられて優等生タイプになりやすい。悪いことや危険なことをしないかわりに、度胸がないので冒険ができない。これが長男・長女に共通の性格と言えます。

ところが二番目ともなると、親の態度が一八〇度変わって、よく言うと余裕が出てくる、悪く言うとずぼらになります。床に落ちたものを食べても平気、多少服を汚しても、危ないことをしても、文句を言わない。放任の度合いが大きくなります。

このように関心が低くなるだけなら、それほど悪い結果は出ません（もちろん程度があまりひどくなければ）。むしろよい意味で神経が太くなり、いざという場合にアガったりしない性格になります。

しかし逆に親の関心が非常に強くなる場合があります。とくに母親は下の子を猫っ可愛がりする場合が多いものです。上の子には目もくれず、下の子にだけ何くれとなく面倒を見たり、話しかけたりして、気を使います。

このように下の子にだけ気持ちを注ぐ親（とくに母親）は非常に多いのです。この傾向は、ある意味では自然だと言えます。親は本能的に弱い子を守ろうとします。したがって下の子の世話を優先しようとするのは、当然の傾向なのです。しかしその本能的な行動を、なんの反省もなく貫いてしまうと、弊害が出てきてしまいます。

それはいわゆるマザコンを作ってしまうという弊害です。マザコンとは、マザーコンプレックスの略語で、母親の保護が強すぎたために、母親に頼りすぎたり、母親の考えどおりでないと意見を持てなくなったり、行動できなくなってしまうことです。これはとくに男の子の場合に弊害が多くなります。つまり自分の意見や判断を持てなくなり、自主性や自立性が育たないのです。

親が小さい方の子供だけを可愛がると、下の子は甘え上手になります。よく言えばコミュニケーションの能力が高くなりますが、悪く言うと取り入ることがうまくなります。すると、たとえば、きょうだい喧嘩をしたときに、自分の方が悪いのに、嘘を言って言い逃れたり、うそ泣きをして親を味方につけたりするというようなテクニックが上手になります。

このような弊害を防ぐためには、上の子と下の子の扱いに、あまり差が出ないように気をつける必要があります。

ただし、両方をまったく同じに扱えばいいというものではないので、そこが難しいところです。前に、きょうだいの平等について書きましたが、その他にもきょうだい間の扱いについて取り上げてみたいと思います。

子供の性格は親の影響によっても左右されますが、きょうだい間の関係からも影響を受けます。とくに下の子に対して、上の子が兄である場合と姉である場合とでは、少し違いが出てきます。

たとえば、弟について言うと、上が兄の場合には依頼心が強く甘ったれの反面、活動的反抗的、負けず嫌いで不平が多くなります。上が姉の場合にはめんどうなことはしない、要領がいいという性格になりやすい。

弟にとっては、上が姉である場合より兄である場合の方が、圧迫感が強いので、劣等感を持ったり、それをはねかえそうとして競争心が強くなり対抗的な構えになりやすい。

また妹について言うと、上が兄の場合には依頼心が強く甘ったれで決断力がない、負けず嫌い、のんき、父親と親しい性格になりやすい。上が姉の場合には反抗的、要領がいい、人の好き嫌いがはげしい、甘ったれ、などの特徴が出ます。

妹にとっては、上が兄の場合には依存的傾向が強くなるが、上が姉の場合には反抗的・活動的・要領がいいといった、対抗的な構えになります。

上の子は下の子の影響を比較的受けないのに対して、下の子は上の子の影響を強く受けます。したがって親は悪い特徴が出ないように気をつけて育てなければなりません。

たとえば、下の子の競争心を煽《あお》るようなことを言わないで、「お兄ちゃんはお兄ちゃん、あんたはあんた、年が違うんだから」と言うようにするとよいでしょう。また、下の子を奮《ふる》い立たせるために、上の子と比較することは絶対にいけません。

とくに同性のきょうだいの場合には、あまりにも勝ち負けを競わせると、他人との関係でも、協力よりも競争の関係を作りやすくなり、嫌われる要素になりかねません。他人と比べないで、それぞれがマイペースで努力できる子になるように、育てたいものです。

一人っ子の育て方

これまでは「きょうだい」について述べてきました。次にきょうだいのない子供、つまり一人っ子について考えてみましょう。

一人っ子に対する世間の見方は「わがまま」「競争心に乏しい」「ねばり強さがない」「神経質」「甘え」「社会性の欠如」などです。これらの性質が一人っ子によく見られる、と書いている本もあるくらいです。ずいぶん悪く見られていることになります。一人っ子というのは、そんなに悪い性質ばかりを持っているのでしょうか。良い面はないのでしょうか。

じっさいに一人っ子を観察したり、一人っ子自身に聞いてみると、次のような良い面も持っていることが分かります。

まず一人に慣れているので「孤独に強い」。たとえば、「シカト」（無視・のけ者）されても耐えることができる。精神的に強いとも言える。大勢で群れていないと不安だということがない。他人に影響されないで、自分の考えをしっかりと持つことができる。

つぎに親の愛情を充分にもらって満足しているので、人に嫉妬したり意地悪をしたりしない。人を押しのけたり足をひっぱったりという、悪い意味での競争心がない。

こうした優しい穏やかな性格のために人から好かれることが多い。

また小さいときから自分で考えて自主的に行動するくせがついているので、自立心や自主性を持っている大人っぽい面もある。

このように「甘えん坊」「わがまま」と見られがちな一人っ子も、逆とも言える強い精神力を持っている場合も多いのです。

一人っ子の性格は当然のことですが、親の育て方によって影響を受けます。子供は誰でも親の育て方によって影響を受けますが、とくに一人っ子はその影響を純粋に受けます。きょうだいによってそれが薄まったり、混じり合ったりしないので、親の育て方が純粋に出てしまうのです。だから親の態度いかんによって、マイナスの性格になったり、プラスの性格になったりします。

ということは、逆に言えば、一人っ子は上手に育てれば、心が優しい上に自立心や自主性を持った立派な人格に育つ可能性も高いということが言えます。

親が過保護になったり、世話をやきすぎる（過干渉）、なんでも言うことを聞いてやるという態度だと、子供は「わがまま」「甘え」などの悪い性格になってしまいます。しかし規律正しい生活をさせ、年齢に即して自分のことは自分でやるという習慣をつけさせれば、とくに甘ったれにはなりません。

また「きょうだいがいないので、遊びの中でルールを守ることを学べない」という人もいますが、日常生活の中で規則正しく生活する習慣をつけさせれば、ルール感覚は正しく身に付きます。それに親が遊んでやったり、友達と遊ぶ中で養うことができます。そういう機会を作ってやることは、その気になればたやすいことです。

さらに研究者によれば、一人っ子の特徴は青年期になるにつれて薄まる傾向があるそうです。世の中に出て他人と交われば、「わがまま」「甘え」がなくなって社会性や

協調性も身に付く傾向にあるのは当然のことです。大人になるにつれて、一人っ子の悪い面が少なくなるというのは、一人っ子の育て方に失敗したと心配している親にとっては、多少の慰めになるのではないでしょうか。

ところで、一人っ子自身に聞いてみると、「淋しい」と感じたことがあるという人が三分の二もいます。とくに高校生のころに多いようです。それは思春期になると同年代のきょうだいや友達と話をしたり、相談をしたりすることが必要になるので、同性のきょうだいがいると容易に相手が見つかるけれども、きょうだいがいない上に親しい友達がいないとくに「淋しい」と感ずるのでしょう。

この意味では、一人っ子にとっては、親友という存在がとくに必要になります。親友というものは一人で十分です。もちろん三、四人の仲の良いグループができれば理想的です。幸い一人っ子はわがままでないかぎり人がよいので、親友を見つけることは比較的容易です。友達が遊びに来たときに親がちょっと配慮してあげるといいでしょう。

よく「一人っ子はかわいそう」と言われますが、気をつけて育てられた一人っ子は

「むしろ親の愛情を独占できるから得だ」「いつも満足した気持ちで育ってきた」と言います。他人の激しいきょうだい喧嘩や醜いきょうだい争いを見てしまうと、一人っ子でよかったと言う人もいます。

一人っ子になったのには、それぞれに事情があります。親にアンケート調査をしてみたところ、はじめから子供一人にしようと決めていた親はごく少ないそうです。二人か三人はほしいと思っていたのに、いろいろな事情でやむをえず一人になってしまった場合が多いのです。

だから他人から見てとやかく言ったり、「一人っ子はかわいそう」などと言うのは控えないといけません。

なにごとにもメリットとデメリットがあります。いたずらにマイナスばかりを数えあげるのではなく、メリットを増やしデメリットを減らすような育て方をするよう努力することが大切です。

第5章

秩序感覚を身につけさせる

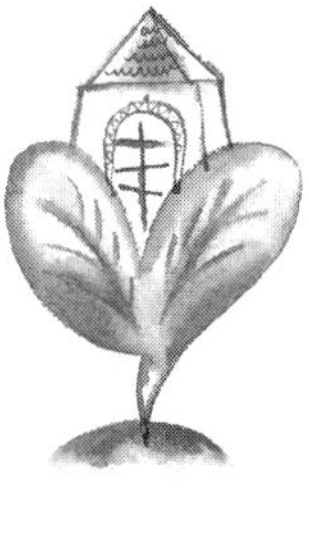

規則正しい生活習慣

第1章（一六ページ）では「子供と遊ぶことが大切だ」という話をしました。しかし日本のお父さんは仕事で忙しいので、子供と遊ぶ時間を見つけるのに苦労しています。そこで若いお父さんの中には、遅く帰ったときには、寝ている幼児を起こして、一緒に遊ぶという人がいます。あるいは大人が寝るまで一緒に起きていて、毎日十一時まで一緒に遊んでから寝かせる、という親もいます。こういう考え方は正しいでしょうか。

ある調査によると、二歳児を十時までに寝かせる親は、いまや半数以下だそうです。つまり「子供は大人とは違う時間のリズムで生活させなければならない」「子供の寝る時間を決めておかなければならない」と考えている親が半数以下だということになります。

昔は家庭ごとに「子供の寝る時間」というものが決まっていて、たとえば九時になると「さあ寝る時間だよ」と言われて、いっせいに寝たものです。今は自由放任で、寝る時間も子供の「自主性」「意思」に任せている親が増えてきました。

ところが、恐ろしいことに、子供の自主性に任せると、かえって自主性が育たないのです。つまり自分で適切に判断して、正しく行動することができなくなってしまいます。下手をすると、無気力になるか、無軌道になることが多いのです。

どうして自主性を重んじると自主性が育たないのでしょうか。じつは自主的に行動できるためには、正しく判断するための、「正しい基準」ができあがっていなければなりません。その基準がないのに、自主的に行動しなさいと言われても、子供は何をしてよいか分からなくなってしまいます。そこで、何もしたくない、何もできないという無気力の状態に追い込まれるか、我慢のできない無軌道な子供になってしまいます。

子供が小さいうちは、この「正しい基準」を作ることに専念しなければなりません。

その「正しい基準」のうちで、最も大切なのが「規則正しい生活習慣」によって、正しい秩序感覚と美的感覚を育てることです。

秩序感覚ができあがっている子供は、少し大きくなって、道徳や礼儀作法を教わるときに、じつに簡単に習得することができます。

しかし秩序感覚のない子供は、どんなに理屈で説明しても、規則を守れない子、マナーが身に付かない子になってしまいます。

生活習慣の中で、大切なのは「起きる時間、寝る時間」「食事はきちんと三度とる、できるだけ時間を一定にする」「乳幼児の場合はオヤツと昼寝の時間も定期的にとる」「大きい子の場合は帰宅時間、いわゆる門限を決める」などです。

このごろの親の中には、「寝たいときに寝て、食べたいときに食べるのが、体に一番よい」という理論を信奉している人たちがいて、子供が勝手に冷蔵庫を開けて飲み食いするという家庭もあるそうです。

そういう間違ったしつけをすると、ただ体に悪いというだけでなく、心の発達にも悪い影響を与えます。すなわち、生活習慣が不規則になると、私が「心の生活習慣病」

Sleeping

と名づけた状態になります。この病は心に張りが無く、やる気もでないし、不登校のもとになったり、はては無気力から人格崩壊にまで至る場合もあります。あるいは、好きなことだけをして、欲望のままに生きているだけという人間になってしまいます。

この秩序感覚ができていないと、学校に行っても、一時間座って授業を受けることさえできない人格になります。すると授業中にフラフラと歩きまわったり、騒いだりして、いわゆる学級崩壊のもとになってしまいます。

こういう子は、高校生くらいになると、遅刻はするわ、授業中におしゃべりはするわ、授業中に勝手に出ていったり、ときには飲み食いする者もいます。大学生になると、先生が黙っていれば、「なんでもあり」になってしまいます。こういう人間になってしまうのも、幼児期から規則正しい生活によって秩序感覚ができあがっていなかったからです。

しかし、高校生くらいになって、急に規則正しい生活をせよと言っても、効き目はありません。十時に寝なさいと言っても、素直に聞くものではありません。しかし乳幼児のうちに習慣づけてしまえば、よい習慣は一生続く財産になります。

規則正しい生活習慣は、子供が小さいときだったら、ごく簡単に守らせることができます。お父さんが「我が家の憲法」を決めて紙に書いて張り出しておけば、お母さんのしつけもずいぶんと楽になるものです。その場合の「憲法」も、いろいろな内容を盛り込む必要はありません。幼児のうちはごく簡単な生活習慣だけでよいのです。

子供と遊ぶことが大切と言っても、寝ている子をわざわざ起こしてまで遊ぶというのは行き過ぎです。早く帰った日や休みの日によく遊んでやり、遅く帰った日は子供の寝顔を見るだけで満足しましょう。

正しい枠づけ

この節では少し理論的な話をしましょう。

テーマは、子供には制限を与えたほうがいいのか、自由放任にして、好きにさせたほうがいいのか、という問題です。

日本人の中には、昔から「子供はのびのびと元気に育てるのがいい」という考え方があります。しつけとか行儀作法を教えるのは少し大きくなってからでもいいので、小さいときにはあまりうるさいことを言うのは萎縮させるのでよくない、という考え方もあります。

また、叱ると子供の心に傷をつけるし、恐怖心を持たせるので、子供を絶対に叱らないで育てようという主張もあります。

では何歳からしつけをすればいいのかというと、中学生くらいからでいいと言う人もいます。ところが、中学生になってから急にしつけをしようとしても、もう手遅れなのです。子供は反抗してとても手に負えなくなってしまう場合が多いのです。

それなら、もう少し早く、小学生になったらしつけをするというのはどうでしょうか。じつはそれでも遅いのです。しつけは、乳幼児から始めなければなりません。というのは、子供に「きまり」とか「制限」を与えることは、とても大事なことだからです。

前節でお話ししたように、最初のしつけは時間を守って規則正しい生活をさせることです。それは最初の大切な「枠組みを与える」ということになります。それから大きくなるにしたがって、食卓の上に足を載せないとか、食べているときにふらふらと歩かないとか、トイレはおまるでするとか、オモチャは決まったところに片づけるとか、これこれは危ないものだから近づかないとか、いろいろなきまりを教えます。

そういうことはすべて、子供の行動に制限を加えることです。自分の好き勝手にしてはいけないということです。そのように制限を加えると、ほんとうに子供は萎縮したり、のびのびできなくなってしまうのでしょうか。

もちろん制限をやたらと多くしたり、強くしてはいけません。その年齢の子供にできる程度の規則を与えることが大切です。しかしなんの制限も与えないのは、逆によくないのです。

たとえば、アメリカの心理学者が実験をして、幼児になんの制限も与えないでみたら、子供の多くが不安そうにし、また心が不安定になってしまったそうです。自由放任は子供をのびのびさせるどころか、かえって子供を不安にするという結果が出たのです。逆に適切な制限を与えると、子供の心は安定し、落ち着いていたそうです。

つまりその心理学者は、そのことを「リミットを与えられた子供は安定し、リミットを与えられなかった子供は不安定になった」と表現しています。

そのように、自由放任にすると子供がのびのびするというのは、大人の側から見た思い込みであり、子供は決して自由放任を望んでもいないし、それから利益を得てもいないのです。

それでは、いつも制限を与えないで、四六時中自由放任にしていると、どうなるでしょうか。はじめは不安げだった子供も、自由放任に慣れて勝手にふるまうようになり、そのうちわがままほうだいになっていきます。それこそ食べたいときに食べ、寝たいときに寝るという状態です。

わがままな子供は「わがまま犬」と同じ原因によって生まれます。「わがまま犬」はその家に正しい秩序がなくて、しつけがされていないために、自分が主人だと思ってしまい、自分の要求が通るまで吠えつづけます。へたに主人が叱ると、主人の手をガブリと噛んだりします。「飼い犬に手を噛まれる」という言葉がありますが、あれは犬が主人を噛むことは滅多にないからできた言葉ですが、このごろは主人の手を噛む犬が増えているそうです。

同じように、きちんとした枠づけがされていない子供は、たとえば自分の好きなときに冷蔵庫を開けて飲み食いをし、いざご飯の時間になると何も食べない。他人の家の冷蔵庫でも勝手に開けて飲んだり食べたりします。

このように適切な枠づけが与えられない子供は、不安定になるか、無軌道になってしまいます。

もちろん制限が強すぎると、子供は萎縮してしまうので、子供の能力や成長に応じて、制限の与え方を加減するようにしなければなりません。

制限というものは、はじめは多くして、だんだん少なくしていくのが正しい考え方です。判断力ができてくるにしたがって、自由な行動の範囲を広げてやるのがよいでしょう。

今までの日本の子育ての常識は、小さいころは制限をしないで、大きくなってから行儀作法などを教えるというやり方でしたが、それでは逆です。行儀作法などはかなり小さいときでも、教えれば身に付きます。

正しい枠の中で、おもいっきり自由に振る舞う、というのが正しい姿です。子供が小さいときから、親は正しい枠づけを与えるように気を使いましょう。

「正しい枠」とは具体的にどういうことかについては、前節でも述べましたが、次節も参考にしてください。

門限

皆さんの家庭では、子供の門限をどのように決めていますか。門限というのは、子供が一人で外出できるようになったときから必要になります。

一人で行くといっても、子供は危険や誘惑に対して一人で身を守ることができないので、夜など危ない時間帯に外にいる時間をなくそうというのが門限の第一の意味です。

いまどき、大人だって危ないという人がいると思いますが、子供は大人よりもっと弱い存在ですし、もっと狙われやすいことは事実です。危険から子供を守るのは大人の義務です。

門限のもう一つの意味は、枠というものの存在を子供に示すという、象徴的な意味です。枠の意味については「規則正しい生活習慣」と「正しい枠づけ」において述べました（一二〇ページ、一二六ページ）。子供は百パーセント自由ではなく、一定の枠の中で自主的に判断させ行動させることが大切です。枠は守らなければならないということを示すためにも、門限を決め、守らせることが大切になります。

門限が枠の象徴になり、また試金石になるのは、それを守らせることがなかなかむずかしいからです。親が一緒にいないのに、親との約束を守るのはむずかしい。しかし守ったか守らなかったかは、必ず分かる。だから門限は親子のあいだの約束を守る訓練にもなるし、家族のルールを守ることの象徴になるのです。

門限を決めることがいかに大切かお分かりと思います。いままで決めていなかった家庭では、いますぐにでも門限を決めてください。

ただし決めるといっても、今までなかった原理を導入するのですから、子供から反発が出ます。ですから、はじめが肝要です。父親と母親が二人そろって、子供を前に座らせて、きちんと理由を話し、子供に納得させた上で、「我が家のルール」として確認しましょう。

Closing time

門限を個人の家だけで決めることは、なかなかむずかしいという場合は、子供の友達の保護者とも話し合って、またはクラスや、できれば学年・学校ごとに保護者のあいだで決めることができると、守らせることが簡単になります。

このごろでは恐ろしい殺人事件や誘拐事件も起きているので、こういう合意をすることも昔よりは容易になっているでしょう。ＰＴＡが率先して取り組むように働きかけるのもいいと思います。

門限を決めるときに注意しなければならないことは、年齢に応じて時間を決めるということです。年齢が上がるにつれて、だんだんゆるめるようにします。

ゆるめる場合には、考えられる危険に対して、どういう用心をしたらよいか、教えておくことが必要になります。

まず悪い人もいるということを認識させることが必要になります。人間は大部分はいい人なんだけれども、残念なことに悪いことをする人もいる。だから人間は用心をしなければならないのだということを、きちんと教えます。

次に具体的に、何に気をつけたらよいかを教えます。できるだけ友達と複数で行動するようにとか、暗くなったら危険だということ、人気のない場所に近づかない、近道でも暗い道を避けて明るい表通りを帰るようになど、実際の場所を示しながら、具体的に話します。

次に女の子の場合には、とくに狙われやすく危険だということを話しましょう。中学生くらいからの思春期には、女の子の門限は男の子と区別して、より厳しくする必要があります。これは差別ではなく、危険が大きいためだということをきちんと話し、納得させないといけません。もし納得しなくても、ゆるめてはいけません。子供は表面は納得しないようなことを言っても、心の中では分かっているものです。最後は理屈ぬきで親の権威で決めてください。

私の子供は女の子でした。大学生になっても門限は十時と決めていました。都心から電車で一時間以上かかりますから、都心を九時前には出ないと家に十時には帰れません。それではコンパや何か会があったときは困ると言うので、そういうときは前もって言っておけば特別に十一時までよいということにしました。ただしそのときは私が駅まで迎えにいくことにしました。ちなみに私は十一時に寝る習慣なので、お父さんが寝るはずの時間に迎えにきてくれるということは、門限をいかに重要と考えているか、また自分をいかに大切に思っているかを、娘は感じとってくれていたと思います。

規則正しい生活習慣のうちでも、門限は特別に大切な意味を持っています。必ず決めて守らせるようにしましょう。

「怖い」という感覚

私は夏休みには山荘で勉強していますが、今年はうれしいことに雉《きじ》の母子が庭に現われました。

毎年九月になって人が少なくなると、雉の母子が庭に一列横隊になって、餌をあさる姿が見られたのです。ところが一昨年に金色の狐が二匹現われて、雉の母子を襲う様子が見られ、そのためか昨年は一度も雉の姿を見なかったのです。もう絶滅してしまったのかと心配していましたが、しかし今年は姿を見せてくれました。狐に見つからないで、生き延びていてくれたのです。

三、四羽の雛《ひな》は草むらの中を無邪気に飛び跳ねて遊んでいますが、母鳥は小高いところにじっと立ちすくんで、身じろぎもしません。あたりの様子に全身の神経を集中させて、聞き耳を立てているようです。動物の母親というものは、子を守るために、危険に対していかに神経を使っているかが分かります。

それにくらべて人間の母親はどうでしょうか。この世には危険があるということを、少しも考えていない親が増えているようです。自分が危険に遭《あ》う可能性もさることながら、子供はもっと危険な目に遭いやすいということも、頭にないようです。

小学生の四人の女の子が渋谷で誘拐されて九〇時間も監禁されるという事件がありました。子供だけで盛り場に行かせるということは、一昔前では考えられないことです。「遠くには行かない」「外出するときは、どこへ行くか親に言う」「暗くなる前に家に帰る」というのは、どこの家庭でも子供に口がすっぱくなるほど言っていたものです。私たちの子供のころは、「知らない人について行かない」「暗くなると人さらいにさらわれるよ」と厳しく注意されたものです。映画館には大人同伴でないと、子供だけでは入れてくれなかったものです。

ところが、このごろでは、渋谷などの夜の盛り場に、小学生から高校生までの未成年の女の子が、たくさん徘徊《はいかい》しています。それがどんなに危険なことか、今回の事件がよく示しています。しかし「平和ボケ」というのか、治安が世界で飛び抜けてよかったときの記憶が抜け切らないのか、危険に対して鈍感になっている人も多いようです。

ただ鈍感だとか無神経だというだけならまだしも、根っからの性善説に立って、「この世に悪い人などいない」と子供に教える人たちがいます。こういう人たちは、童話や教科書に出てくるお話を、勝手に変えようとします。

たとえば、「桃太郎の鬼退治」の話の最後に「鬼をこらしめて宝物を奪うという結末はよくない」と言って、「鬼は悪い人たちではなかったので、一緒に仲良く遊びました」と変えてしまいます。また「鬼は外、福は内」は差別だからいけない、「福は内、鬼も内」と言いなさいと教えます。あるいは「ヘンゼルとグレーテル」の話も、「魔法使いのおばあさんは悪い人ではなくて、仲良くお菓子を作りました」と変えてしまいます。「カチカチ山」の話も、「たぬきが謝ったので、こらしめないで許してやりました」と変えてしまいます。

すべて平和で仲良しムードです。そういう気持ちで一生のあいだ生きていかれるなら、それにこしたことはありません。しかしそれでは、あまりにも現実から離れてしまいます。世の中には「鬼」のような人もいれば、悪い魔法使いのおばあさんのような人もいます。子供のころから「鬼は怖いもの」「魔法使いは怖いもの」という感覚を教わらないで育つと、何かに対して「怖い」という感覚を持てなくなってしまいます。

「怖い」という感覚は人間が生きていくために必要な感覚です。そういう感覚があると、危険に対して敏感になり、「怖く」なって引き返したり、危ないと感ずる所へ近づかなくなります。そういう感覚はどのようにして育つのでしょうか。

研究者によると、何かを怖いと感ずるかどうかは、遺伝的には決まっていないそうです。親や身近な人が、「怖い」とか「気味悪い」という反応をして、そういう態度や表情をとるのを見て、幼児のうちに「学習」してしまうそうです。

たとえば、蛇が怖いという人は多いのですが、それは小さいころに親が「キャーッ」などという反応をしたのを見ていて「学習」した結果なのです。このごろでは蟻を踏みつぶす幼児が増えていますが、それは母親が家で蟻を殺すのを見て育つからです。

夜になったら怖いから家に帰りたくなるというのも、幼児期からの親の態度を見ていて、学習するからです。反対に夜になっても、怖いという態度を示さずに、平気な顔をしている親だと、その子供も「夜は怖い」という感覚が育ちません。親が盛り場が好きだという態度を取れば、子供も盛り場に行きたいという人格になってしまいます。幼児期の刷り込みは、それほどに影響力が強く、その感覚は五、六歳までには決まってしまい、やり直しはきかないのです。

子供に門限を決め、勝手に外出させないという躾《しつけ》をすることは、子供の命を守るために絶対に必要です。

第6章

「叱る」と「見守る」

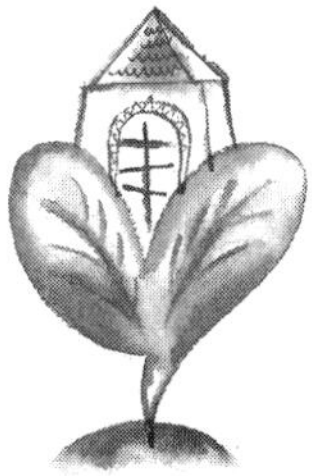

嘘はいけないよ

あなたは自分の子供に向かって、日ごろ「うそを言ってはいけないよ」とか「人に迷惑をかけてはいけないよ」と言っていますか。じつは日本人の父親の七割が、そういうことを何も言っていないということが分かりました。

数年前に文部省がしつけに関する国際比較の調査をしました。ドイツ、アメリカ、イギリス、韓国と比較したのですが、父親から「うそをつくな」と言われる割合は、ドイツが約六割、韓国、アメリカ、イギリスが七〜八割だったのに対して、日本ではたったの三割だそうです。

じつはこの数字に現われたほどには、日本人のしつけは悪くなっていないというのが、私の見方です。というのは、この調査で「うそを言うなとは言わない」と答えた親の中には、「言う必要がないほど、自分の子供はうそなど言わない子だ」という人もいることでしょう。すでにしつけが済んでいるから、言う必要がないという場合もあるし、言わなくても子供が見習うということもあるので、単純に「言う」「言わない」でしつけの有無を推測することはできません。

つまりその調査には不備があるので、本当に各国のしつけがうまくなされているかどうかは、もう一項目「うそを言うなとは言う必要がない」という項目があれば、もう少し正確な実態に近づけたでしょう。

日本人の親も、子供に善悪のけじめを教えなければならないと思っている割合はもっと多いでしょう。しかし日本では「うそも方便」と言われるくらいで、「うそ」が悪いことだという考えを大人自身が持っていないので、注意しないという人もいることでしょう。

しかし私の子供のころには、親やまわりの大人から、いつも「うそは泥棒のはじまり」と言われて、いけないことの基本のように教えられてきました。

うそは方便だから悪いことではない、だから悪いことだと教えなくてもいいのか、それとも泥棒のはじまりくらいに悪いこととして厳しくしつけなければいけないのか、いったいどちらが正しいのでしょうか。

うそをついてはいけないということを、子供のうちにきちんと教えるのが、正しい態度です。人間社会は「互いを信用できる」ということによって成り立っています。人間同士の信用関係は、互いにうそを言わないという前提がなければ成り立ちません。相手がいつうそを言うかもしれないというのでは、社会は成り立っていきません。誰もがうそを言わないということは、人間社会の基本であり、道徳の基礎です。「うそは泥棒のはじまり」という言葉はそういう意味では真実をついています。

「うそを言わない」というしつけは、しつけの基本と言わなければなりません。それは人間同士の信頼の基本にかかわるからです。

ただし、子供がうそを言わないようにするには、ただ「うそを言ってはいけない」と口ぐせのように言っていればいいというものではありません。口で言うか言わないかよりも、もっと大切なことがあります。第一は、親自身がうそのない人生を送っていること。第二は子供がうそを言わなければならないようなところまで追い詰めないい

No
lie

こと。この二つです。

まず最も大切なのは、親自身がうそのない人生を送っているかどうかが、子供の心に一番影響を与えるということです。親の言うことやしていることにうそがあるかないかは、子供には手に取るように分かるものです。親がうそのある生活をしていて、子供だけに「うそを言うな」と言っても、通用しません。ちょうどタバコを吸っている先生が生徒にタバコを吸うなと言っても説得力がないのと同じです。

次に、子供が悪いことをしたときに、親があまりにもきつく叱ると、その後悪いことをしたときに隠したり、うそを言ってごまかすようになります。子供を叱るときには愛情をもってよく言い聞かせること、また救いを与えることが必要です。たとえば、父親が叱ったら、母親はなぐさめたり、励ましたりする役目にまわるのが、うまい役割分担というものです。

そういうときに、母親までが厳しく叱る態度を取ったりすると、次からは子供はうそをついて、親の叱責から自分を守るようになります。

このように、子供がうそを言うのは、親の態度の方に問題がある場合が多いものです。したがって、子供がうそをついたときには、むしろ親の方に問題がないかどうか、自身の側を反省してみることも必要です。うそをついたとむやみに叱るのは、むしろ逆効果になりかねません。

「うそを言うな、言うな」とうるさく言うのでなく、「うそを言うな」と言わなくても、親を見習って自然のうちに言わないというのが理想です。

いつも一緒にいる親子なら、親の心が正しければ、それがどこかで伝わって、子供の心も正しく育つはずです。

ただし、子供がうそを言ったときに、「親が厳しすぎたのかな」などと自分だけ反省し、子供に「うそは悪いこと」というメッセージを伝えない親もいます。それははっきりと間違いです。やたら厳しく叱るのは逆効果だとしても、「いけないことだ」というメッセージはきちんと伝えておかなければなりません。

子供が悪いことをしたとき

子供は「良いこと」ばかりでなく、「悪いこと」をすることがあります。子供が悪いことをしたときに、父親はどういう態度を取るべきでしょうか。

昔の父親は楽でした。「こらっ！」とか「馬鹿もん！」と怒鳴ればよかったのです。それでも聞かなければ、げんこつをくらわすという手もありました。父親は「怖い」ときまっていて、だから「地震、雷、火事、親父」と怖いものの代表に数えられていました。

今は怖い父親は滅多に見られなくなりました。かわって増えているのが、「ものわかりのいい父」「友達のような父」です。中には「絶対に叱ってはいけない」と思いこんでいる、「叱れない父」もいます。

こういう父親は、子供が悪いことをしたときに、どういう態度を取ったらいいのか、とまどってしまうようです。ある父親は、子供が万引きをして警察に連れていかれて、引き取りにいってきた直後に、「パトカーに乗った気分はどうだった?」と聞いたそうです。

あとでその父親は「いや、馬鹿なことを言ったと思いますが、とっさのことで、そんな言葉しか思いつかなかったのです」と頭をかいていました。

たいていの親は、わが子が悪いことをするとは、思ってもみない場合が多いものです。「うちの子に限って」という言葉が、その感じをよく表わしています。だから、じっさいに子供が悪いことをしたときに、あわてふためいてしまうのです。

だから、まず第一に大切なことは、「子供は悪いことをすることがありうる」ということを、はじめから覚悟していることです。そうすれば、そうなったときにどういう態度をとるかを、予《あらかじ》め決めておくことができます。

次に大切なことは、一度くらい悪いことをしても、子供自体が悪くなってしまったのではないと、考えることです。子供は悪いことをしても、親の態度いかんで、いくらでも直すことができます。あわてふためくのが一番いけません。

では、そういうとき、父親はどういう態度を取ったらいいのでしょうか。

「悪い」といっても程度の違いがあり、ちょっとしたいたずら程度（しかし他人を不愉快にしたり心を傷つけるもの）から、窃盗や、暴力で他人を傷つけることまで、千差万別です。「悪い」ことの種類や程度によって、父親の態度を違えるべきでしょうか。違える必要はありません。基本的に同じ態度でいいのです。

まず大切なことは、「これはいけないこと、悪いこと」だという父親の意思表示を明確に伝えることです。親は「それはやってはいけないこと」だと思っていることを、しっかりと伝えなければなりません。

よく世間には、「子供は親の背中を見て育つ」という言葉を信じきっていて、何も言わなくてもいい、ただ自分が正しく懸命に生きていれば、おのずと子供は正しく育つと思っている人がいます。

もちろんその考え方は基本的には正しいと思います。まず自分が正しく生きていないのに、子供が正しく育つはずがないからです。それはあくまでも前提ですが、しかし親が子供に何の働きかけや影響を与えなくてもいいということにはなりません。まったく黙っていたのでは、親の気持ちが子供に伝わっていないこともあります。

とくに、明白に悪いことをしたときには、「それは悪い」ということを、きちんと伝えなくてはいけません。子供はむしろ、そういうときにきちんと叱ってもらうことで安心します。というのは、父親から明確な基準を与えられることで、心が安定するからです。

逆に、悪いことをしても叱られないと、子供の心は混乱してしまいます。なぜかというと、一方では親や周囲の雰囲気から「悪い」ことをしたと考えられていることを感じとります。しかし他方では親が何も言わないので、本当に悪いのかどうか分からなくなります。こういう中途半端な状態だと、子供の心の中にきちんとした価値の体系が作られないので、アイデンティティーも形成されません。こういう育ち方をした子供は、引きこもりになったり無軌道になる確率が非常に高いのです。

ですから、悪いことは悪いと、きちんと親の意見を述べることが必要になります。父親が子供にきちんと話す場合には、怒鳴ったり、感情的な言い方になってはいけません。きちんと座って、その前に子供を座らせて、静かに話すことが必要です。大切なのは「やってはいけないと親が思っている」ことを伝えることで、無理矢理強制することではないからです。

もう一つ心得ておかなければいけないことは、子供が悪いことをするくせは、一度だけ言い聞かせただけでは直らないことがあるということです。何度も根気よく言い聞かせなければならない場合もあります。そういうことを承知していないと、「またやったのか！」とカーッとして感情的に怒鳴ったり、なぐったりしてしまいます。子供のしつけは感傷的にならずに、あくまでも冷静にしないといけません。

子供がいじめに遭ったとき

子供に「意地悪をしてはいけないよ」とか「暴力はいけないよ」といつも教えていると、かえって子供がいじめに遭うという傾向があります。

それは、いじめる子というのが、抵抗しない子や、反撃しない子を格好の標的にするためです。

ひどいいじめを受けると、心に傷が残るので、早めに解決してやる必要があります。とは言っても、子供から訴えてくることは、ほとんどないと思った方がいいのです。子供はいじめられていることを自分から親に話すことはまずありません。

したがって、親の方が子供の様子をよく見ていて、気付かないといけないのです。

または子供の友達の親から「お宅の子供さんがいじめに遭っているらしいですよ」と

情報が入ることもあります。

子供が傷を作ってくることが度重なったり、また家の金を持ち出すという場合には、まずいじめに遭っていることを疑った方がいいでしょう。

なにか異変に気付いたときに、子供にまともに問いただすのは、たいていうまくいきません。ほとんどの場合、子供は否定します。子供にもプライドがあって、いじめられていることを恥と感ずるからです。あるいは大騒ぎになると、その先どうなるかに不安を感ずるからです。子供によっては、いじめられていることを親にさとられないために、わざと明るくふるまったりと、演技をする場合さえあります。

子供がいじめられていることを親が気付かなくてもいい場合と、気付いて介入しなければならない場合とがあります。気付かなければならない場合とは、身体的な暴力をふるわれている場合です。よく気を付けていれば、傷を作ってくるので、たいてい分かります。この場合にはただちに介入して、子供によく事情を聞いてみる必要があります。

ただし、子供の暴力については、ただの喧嘩の場合と、深刻ないじめや暴力とを、よく区別して見極めないといけません。ただの喧嘩の場合には、親が出ない方がいい。親が出ると、子供自身で仲直りする機会を奪ってしまいます。

ただし、子供が傷を作ってくるようなことが度重なったり、元気がなくなったりする場合には、子供だけで解決できないトラブルに悩まされている可能性があります。そういうときは、まずどういうことをされているのか、子供にきちんと聞く必要があります。

聞くときに大切なことは、せきたてるような聞き方をしたり、叱るような調子で聞いたりしないことです。温かい雰囲気で「正直に話してごらん、ちゃんと解決してあげるから」と穏やかに話し合うことが大切です。

暴力をふるわれている場合には、相手の親に直接かけあうよりも、まず担任の先生に相談しましょう。先生から相手の親に話してもらって解決する場合もありますが、ときには相手の親が話が分からない人だという場合には先生に話してもらっても改善されない場合があります。そういうときに、相手の親に直接話すともっとこじれる場合があります。そういうときには、警察に相談することもありうるでしょう。

暴力的でない、軽い意地悪やシカト（無視）といったいじめの場合には、そんなに騒ぎたてる必要はありません。多少の意地悪をされることは人生にはつきものですから、そんなものは平気な態度で、こちらも無視していたらいいと、教えましょう。

意地悪やシカトをされたときに、いちばん力になるのは、家族に愛されているという感じです。家族に愛されているという自信がある子供は、すこしぐらいいじめに遭ってても耐えることができます。シカトなどは、平然としていると、いじめ甲斐がないので、やむ場合が多いものです。

総じて言えることは、子供がいじめに遭っていると気付いたときには、今日明日中に解決しなければならないというわけではないので、一呼吸おいて、冷静になって、だれに相談したらいいかということも含めて、最もよい方法を考えましょう。

厳しさと見守ること——不登校と引きこもり

子供が問題行動を起こしたときに、親はどういう行動を取ったらいいでしょうか。厳しく叱った方がいいのか、黙って見守った方がいいのか。親としていつも迷わされる、頭の痛い問題です。

前にも書きましたように、子供が明白に悪いことをしたときには、それは「悪い」ことだということをきちんと伝えないといけません。

そういうときは、子供の方も当然叱られるものと覚悟を決めています。父親たるもの、叱るべきときにはきちんと叱らなければなりません（ただし正しい叱り方については先の「子供が悪いことをしたとき」〔一五〇ページ〕をもう一度読んでください）。

子供の期待（?）を裏切って叱らないと、子供は大人や社会をみくびるようになり、いい加減な人格になる危険があります。

　このごろ「逃げる少年」が多くなっていますが、それもこの問題と関係があります。昨年も、万引きを見つかって警察に連れていかれるときに、隙を見て逃げ出し、電車にはねられて死んだ少年がいました。それ以前にも、殺人容疑の少年が、公園で警察官数人に取り囲まれて説得されていたときに、隙を見て逃げ出し、高いビルから転落死するという事件もありました。

　悪いことをしても逃げおおせられると思っている少年が増えています。今までも「逃げる」ことに成功しているのでしょう。理不尽な暴力をふるって逃げてしまうケースも増えています。検挙率が減少していることも関係しているのでしょう。

　そういう「逃げおおせる」という体験を積み重ねていくと、子供の心に道徳心が育ちません。「逃げる少年」は、父や社会が必要な厳しさを欠いた父性欠如の結果と言えそうです。

　明らかに悪いことをしたときには、親も社会もきちんと対応しなければなりません。しかし厳しさだけでは、うまくいかないケースもあります。それは社会的に見て

「悪い」とまでは言えない、けれども「困った」ケースとか、子供にとっては望ましくない結果になりそうな場合です。その典型的な問題が不登校・引きこもりです。

不登校は道徳的な悪ではありませんが、子供にとって決定的に不利になる危険があります。親がなんとかして学校に行かせたいと思うのも当然です。

しかし親が焦って圧力を加えると、子供はかえってかたくなになり、ますます学校に行けなくなってしまう場合もあります。学校に行くように強く言うと、場合によっては暴力を振るうきっかけになってしまいます。

そのために、このごろでは無理に行かせることはよくないという説が有力になり、放っておく親が増えています。これを「見守る」と表現している人たちもいますが、言葉は美しいのですが、要するにただ何もしないというだけで、悪く言えばさじを投げたという状態です。

じつは私の見るところ、不登校の半分は怠け心からきています。別の言い方をすれば、どの不登校児にも、何割かは怠け心があるのです。怠け心というのが言い過ぎならば、弱い心、あるいは甘えの心と言ってもいいでしょう。困難にくじけてしまう心です。この要素が強い場合には、叱咤激励した方がいいケースもあるということです。
げんに不登校から抜け出して登校できるようになった子供に聞いてみると、親が何かを言ってくると、表面では「うるせえ！」などと怒鳴っていたけれども、「じつはうれしかった」などと言う者もいます。

このようなタイプに対しては、たとえば今はやりのフリースクールで規則もゆるやかにして、好きなように過ごさせると、学校には来ますが、規則を苦痛に感ずるような人格になる危険も増大します。フリースクールには弊害もあるということを知ってほしいと思います。

ところで、不登校になる子供には、別のタイプがあります。それは怠け心ではなく、自分の人格をどう作っていいのか、周囲に対してどういう態度を取ったらいいのか、分からないでいる場合があります。

言い換えれば、アイデンティティーを確立できていないので、とりあえず他人と接触したくないのです。こういうケースでは、自分で本をよく読んでいるとか、勉強していることが多いものです。

もっとも、怠け者でも本を読んだり雑誌を読んだりするので、本を読んでいるというだけでは目安にはなりません。どんな本を読んでいるのか、よく観察することが必要です。

たとえ閉じこもっていても自分で努力しているケースでは、黙って見守っていても大丈夫です。干渉するとかえってよくありません。実力がつき自信がつけば、外に出ていかれるようになります。このタイプに対しては、大人になるのを待ってやるという態度が必要です。

かつて「モラトリアム人間」という言葉が流行って「大人になるための猶予期間」が延びている現象だと意味づけられました。現代の「引きこもり」は基本的にそれと同じ心理ですが、それがもっと激しい現われ方をしているものと理解されます。

不登校や引きこもりは、どのタイプかをよく観察してから、対策を考えるようにしたいものです。

夫婦の考えが違うとき

いまは情報化社会と言われるように、子育てについてもいろいろな情報があふれています。本や雑誌、テレビやインターネットなど、情報過多といいたいほどの状態です。

中には互いに矛盾するアドバイスが語られているケースも少なくありません。たとえば、「子供の自立を妨げるから添い寝はいけない、抱っこもいけない」という意見があるかと思うと、「添い寝や抱っこは必要だ」という意見もあります。

また「子供が悪いことをしたらビシッと叱るべきだ」という意見があるかと思うと、「どんな場合でも子供を叱ってはいけない」という意見も見られます。

これらの相反する意見の中で、場合によっては、夫婦で互いに正反対の意見を正しいと思う場合も出てきます。そういう場合にはどうしたらいいでしょうか。

まず考えなければならないことは、「子供に対する親の態度は一貫していなければならない」「夫婦の方針が一致していなければならない」ということが、絶対に必要なことかどうかです。親の態度の一貫性とか、夫婦の一致というのは、どの程度必要なものでしょうか。

まず原則として、一貫性と一致は必要なものだということを確認したいと思います。親の態度に一貫性がなかったり、夫婦で言うことが違っていたら、子供は混乱してしまい、いい加減な人格に育ってしまいます。とくに子供が小さいときや、判断力が乏しい場合には、両親の態度の不一致は、自我の発達にとってマイナスになりえます。

とはいえ、父親と母親の言うことが違っていても、それだけで子供が悪くなるわけではありません。たとえば、違いが趣味や感性に関する場合には、さほど悪い影響はありません。それは子供にとって選択の幅がひろがっただけ、豊かな心を持つきっかけになりえます。

価値観の違いにしても、子供の側にある程度判断力がついている段階なら、子供に対して混乱させるだけではなく、いろいろと考えるチャンスを与えるかもしれません。
しっかりした子供の場合には、一時は混乱しても、それを乗り越えて自分の考えを持つようになる場合もあります。

夫婦の考えの違いがいつも悪い作用をするとは限らないということを、まず確認しましょう。その上で、どういう違いが、どういう場合に悪い作用をするのかを考えてみることが大切です。

まず、夫婦が必ず一致していなければならない場合とは、とくに人間として大切な原則、たとえば正直、誠実、礼儀、約束を守る、他人の生命・財産・気持ちを大切にする、などといった基本的な原則についてです。

また「添い寝や抱っこは必要かどうか」「叱ることはいけないことか必要なことか」「基本的な生活習慣を守らせるべきか否か」といった基本的な方針については、夫婦は絶対に一致していなければなりません。こういう基本的な点で両親が反対の意見を持っていると、子供は安定した人格を発達させることができなくなります。

こうした大切な原則について、もし夫婦のあいだで意見が対立したら、どうしたら

いいでしょうか。そうした場合に、ひとつよい方法があります。それは互いに自分の意見に裏打ちを与えてくれる識者の意見を選んで、それを相手に読んでもらうという方法です。子育ての方針には、必ず理由が書かれているはずです。その理由が正しいかどうか、夫婦で互いに勉強しあい、意見をたたかわせてみるのです。

もちろん、そうしたからといって、いつも意見が一致するようになるとは限りません。ときには余計対立が激しくなることもあります。

しかしこのやり方のよい点は、「なるほどいろいろな考え方もあるものだ」ということが分かること、つまり一つの考え方を相対化できることです。自分や相手の考え方を、一歩離れて、冷静に眺めることができるようになります。

もう一つよい点は、子育ての方針には、必ず理由があるということが分かる点です。そのことが分かると、理由とされている事態を実現するためには、他の方法もありうるということが分かります。なにかに気をつければ、どちらの方法でもよいという場合もあります。また理由とされていることをより客観的な目で比較してみることもできます。

「叱る」べきか「見守る」べきかという問題にしても、どういうときに叱るべきか、どういう条件があれば見守っていても大丈夫かということについて、よりきめ細かい意見を調べてみることができます。そうすれば単純に「叱る」か「見守る」かという二者択一ではないということが分かってきます。

夫婦で意見が分かれたときには、その問題について夫婦でさらに認識を深め、勉強する機会が与えられたと考えてみてはどうでしょうか。その場合に大切なことは、互いに自分の考えに固執しないで、相手の言っていることの根拠について二人で勉強してみるという態度が必要でしょう。

第7章

子供が思春期になったら

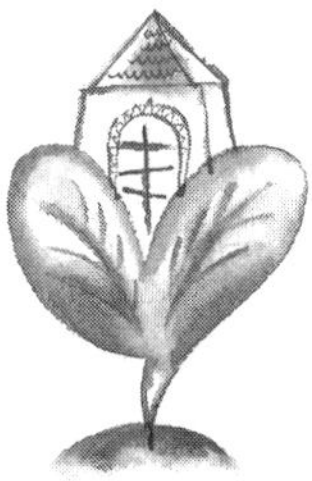

子供を大人にする役割

本章では、思春期の子供とどう付き合うかという問題について、考えてみたいと思います。

子供の年齢で言うと、早い子は小学校の高学年で、遅い子でも中学校の後半から、いわゆる思春期に入ります。

思春期は子供から大人になる中間の時期ですから、大人になろうとしたり子供に留まろうとしたりと、子供の心が揺れ動き、また性や恋の問題が出てきて、不安定になりがちな時期です。

こういう時期に、父親がどっしりとした安定した態度を示さないと、子供の心はますます不安定になってしまいます。

いちばん悪いのは、子供っぽい態度を取ることです。子供が小さいときには、一緒になってふざけたり、子供言葉を使って冗談を言ったり遊んでいたのが、あるとき急に子供が軽蔑したような態度や、冷淡な態度を取ることがあります。

冗談を言っても、「フン」という態度で、乗ってこない。こういう雰囲気を感じたら、そのときは、子供が大人になろうとする時期が来たのだと思ってください。

こうしたサインを見逃して、いつまでも子供が小さかったときと同じような態度で、ふざけたり軽口をたたいたりしていると、確実に子供から軽蔑されます。

子供が親の子供っぽい態度を軽蔑するという心理は、じつは子供が大人になるための大切な仕掛けなのです。それは子供が大人になろうとしている証拠です。子供は大人を模範にしたいのです。大人の模範を求めているのに、父親が大人として振る舞わないで、子供っぽい態度を取ると、がっかりしてしまいます。そういう心理が働くことによって、子供は大人になっていくのです。

ですから、思春期の子供は、表には出さないけれども、いつも父親の言動に注目しています。父親が事に当たって、どんなことを言うか、どんな態度を取るか、よく見ています。それを見て、これは模範にしてもよいか、模範にするに値しないかを、判断しているのです。だから、何かあったときに、父親が何を言うか、どういう態度を取るかは、それ以後の親子関係を大きく左右するほどに重要なのです。

子供が思春期になる前から、父親は心の準備をしておく必要があります。何か起きたときには、あわてず、どっしりとした態度で、的確な判断をして、家族に方針を示さなければなりません。

たとえば、子供が友達とトラブルを起こしたとします。喧嘩をして殴りあって相手の子供に怪我をさせたとか、男の子が女の子にラブレターを渡して相手の親から抗議を受けたとか、もう少し深刻な場合だと、自分の子供がいじめに加わっている（金品を奪っているかもしれない）、などというケースです。

こういう場合には、まずなによりも事実関係をできるだけ正確に知る必要があります。子供のどこが悪いのか、あるいは悪くないのか、きちんと聞き、調べなければなりません。事実を確かめないで、いきなり子供を叱るのは、最も避けなければならない態度です。かといって、子供の言うことを全部信じてしまうのも問題です。

JOY

たとえ相手の子供に怪我をさせたにしても、相手の子供が先に殴りかかってきたのに反撃して、はずみで相手の子供が怪我をしたという場合と、こちらが先に殴りかかったという場合では、まったく違う態度が必要になります。

後者の場合には厳しく叱る必要がありますが、前者の場合には叱る必要はありません。前者の場合には、怪我をさせたことに対して、見舞いなり謝罪は必要ですが、相手が先に殴りかかってきたということは、先方の親にはっきりと伝えて、本当かどうかを相手からも確認した方がいいでしょう。

こういうときに、子供は父親が冷静に事実にのっとって対処してくれるか、じっと見ています。何かあったときに、子供は自分の評価を公正にしてほしいと思っています。場合によっては、親の態度を試すかのように、悪いことをすることがあります。そういうときには、きちんと「悪い」と叱ってもらうことで、子供の心は安定するのです。つまり心の中の善悪の基準が確かめられ、確立することで、安定していくのです。

子供が中学生になったら、ときには大人として扱うことも必要になります。自分で判断して、自分の力で解決するように促すのです。初めは小さなトラブルについて、自分で解決するように努力させます。自分の力でといっても、大人がまったく関与しないというのは危険です。どうなっているのかを絶えず聞いておくことは必要です。すべて自分の力でやらせるというのではなく、必要に応じてアドバイスすることも大切です。

大人として扱うといっても、一足飛びに完全な大人扱いはよくありません。ちょうど運転免許を取るとき教官が横に乗って路上運転の練習をするように、事前によくアドバイスしたり、経過に応じて介入する必要があります。とくに旅行に出すときには、起こりうる危険と、その対策・用心について、具体的に教えておかなければなりません。

子供を大人にするためには、親の方もたいへんな努力がいるのです。

お父さんを避けるようになった

子供は中学生くらいのとき、急に親と口をきかなくなることがあります。とくに男の子は、高校生になるとほとんど親と口をききません。多くの場合、とくに父親を避けるようになります。

今までは無邪気に軽口をたたいたり、ふざけたり、気軽に会話をしていたのが、急に黙りこんだり、対話を避けるようになります。こうした変化は突然やってくる（と親には感じられる）ので、親の方はとまどってしまいます。

じつは親だって、思春期のころは親と口をきかない時期があったのです。しかしたいていそのことを忘れているので、何かあるのかと慌てる人が多いものです。少なくとも淋しく感じて、無理に話しかけたりして、子供からうるさがられたり、嫌われたりします。

子供が親とくに父親との接触を避けることは、正常な発達のひとこまです。子供の心の発達にとって必要なことだということを、まず理解しましょう。

思春期は自分なりの個性的な自我を作ろうとしている時期です。だから他人の干渉を嫌うのです。自分の内面で自分なりの人格を作ろうとしているときに、雑音を入れられたくないからです。だから無理に割って入ろうとしないで、静かに見守るという態度が必要です。

そうは言っても、どういう自我を作るのか心配だという人がいます。とんでもない人格になったらどうしようかと心配になります。しかし普通の場合は決して心配はいりません。

自分なりの自我といっても、よほど特殊な環境や事情がないかぎり、家庭の感覚や価値観とまったくかけ離れたものにはならないからです。大枠としては、十五年も育ってきた家庭の感覚が支配しており、価値観がしみついているので、それを微調整するとか、少し独自性を出す程度で、とんでもない人格になるはずがないのです。

それまでに躾《しつけ》がきちんとできており、正しい生活習慣により秩序感覚がきちんと育っていれば、子供がその大枠を壊すことは滅多にありません。親はどっしりと構えて、子供を信頼して見守ることができます。たとえ子供が反抗して無茶をやる場合にも、どこかでブレーキがかかるものです。

では、ただ子供を信じて見守るだけでいいのでしょうか。それは少し無責任すぎます。子供は親から独立しようとしているので、親から口出しされるのを嫌いますが、しかし独立できるまでには成長していないので、やはり助言者や指導者が必要になります。まったくの自由放任にしてしまうのは、よくありません。

そうした助言者の役割を果たせる人としては、(男の子なら)親よりも子供の年齢に近い兄貴分、先輩、叔父さん的な存在、若くて元気のある男の先生、スポーツクラブの指導者、などといった人たちです。こういう人物が子供の周りにいれば、その人と交流を持てるように、うまく仕向けるのがよいでしょう。そういう人物が見あたらないときには、スポーツや趣味などのクラブに入れるとか、集団でなされる体験学習に参加するように勧めるのも一つの方法です。

そうした場合に最も大切なのは、その指導者の人格をよく見極めることです。身近にいる親戚の叔父さんなどは、初めから人格が分かっているので安心して任せることができますが、まったく知らない団体に入れる場合には、よほど慎重に、予《あらかじ》め親がその指導者に会い、どういう人物かよく確かめる必要があります。

たとえばスポーツや武道の場合には、その競技が上達することばかりを優先して、スパルタ的に体を酷使させるような指導者もいます。それは子供にとって決してプラスになりません。むしろ弊害が出る場合さえあります。ほどよく心身を鍛えることは必要ですが、それよりも生活習慣とか礼儀、フェアプレーの精神、友情などを重んじてくれる指導者を選ぶように気をつけなければなりません。

また少年向けの団体の中には、その中でリーダーとして行動する訓練をしてくれるものもあります。その場合、上に立った者がいばって命令するとか、下の立場の子供が無条件で服従することを強要するものもあります。いわゆる先輩後輩の区別がはっきりしすぎていて、後輩は無条件に先輩に従うことを要求されるような団体は、望ましくありません。

そうではなくて、上に立った者が皆を危険から守り、ルールを守らせ、下の者を大切に扱ったり指導したりするなどの訓練をしてくれるのが理想的です。またチームを組んで何かを達成する練習も必要です。各人の性格や能力を組み合わせて、協力し合う訓練です。

そういう場は、昔は「ガキ大将」を中心とした年齢の異なる子供たちが、大きい子は大きいなりの、小さい子は小さいなりの役目を与えられて、協力し合う訓練をしていました。そういう場がなくなったこんにち、大人が積極的にそうした機会を子供に与える必要があります。

そうした機会を通じて、子供は他人との関係を経験し、家庭では経験できない社会性を、つまり自分に与えられた責任ある役目を正しく務める能力を身につけることができるでしょう。

子供は親だけで育てるものではなく、周りの大人たちの協力を得ることも必要だということを知っておいてください。

反抗期になったら

子供が育つ過程で、必ずと言っていいほど反抗期が訪れます。だいたい二、三歳ころの幼児期と、思春期に現われる現象で、見るもの聞くもの気にいらないというように、やたらと反抗します。親としては心の準備がないと、手をやいたり、とまどったりしますし、扱いを間違えると親子関係がこじれてしまいます。反抗期の子供にどう接したらよいか、考えてみましょう。

まず基本として、反抗というものは自我の発達と関係があるということを理解しておきたいと思います。

幼児期の反抗は自我が芽生えてきて、自分の意志とか気持ちというものが出てきた証拠です。自分でやりたいとか、これは好き、あれは嫌いという自分なりの好みが育ちはじめたということを意味しています。つまりは個性が出てきはじめているということです。

たとえば、着替えをさせようとすると、「自分でやる」といってききません。でも自分ではできなかったり、たいへんゆっくりのペースでしかできません。そういうときに親はついイライラして、手を出してしまうものですが、できるだけ親が我慢するようにして、子供のペースを重んじて、急がせないように見守るようにしましょう。

とはいっても、子供は自分ではできない場合があります。そういうときには上手に手助けする必要があります。しかし下手に手を出すと、子供は自尊心を傷つけられるので、ひどく怒ったり反抗したりします。反抗期の子供は強い自尊心を持っていることを理解していないといけません。

したがって、手助けする場合にも、子供の自尊心を傷つけないように気をつける必要があります。たとえば、まず子供が自分でしようとすることを褒《ほ》めてあげるとよいでしょう。「あら、自分でするの？　えらいわねえ！」という具合です。褒められた上でなら、子供は親がちょっとアドバイスをしたり、手助けをしても、自尊心を傷つけられないので、素直に聞くものです。

もちろん自分でできたら、おもいっきり褒めてあげます。すると次にできないときにも癇癪《かんしゃく》を起こさないで、親のアドバイスをわりあい素直に聞いてくれます。

子供が自分の意志で何かをしようとしたときに、親がそれを認めてくれるのかくれないのか、どちらと感ずるかで、子供の態度が正反対になります。やりたいことを応援してくれる味方だと思えば、アドバイスを素直に聞きますが、否定されると思えばむやみと反抗的になります。

思春期の反抗期は、もっと強烈ですが、原理はまったく同じです。子供は自分なりの自我が確立しようとしているので、親の干渉をひどく嫌います。なににつけても親の言うことの反対を言うほどです。

そういうとき、一番悪いのは、親が頭ごなしに命令したり、権威主義的に上から押しつけることです。理屈や説明ぬきでいきなり禁止したり、子供が納得していないのに違反したといっていきなり殴りつけたりするのもいけません。お小遣いをなくすとか、ご飯をやらないなどの、身体的または物質的な罰を与えるという方法もよくありません。「誰に食べさせてもらっているのか」などと恩に着せるのも逆効果です。

大切なのは、個々の規則や命令を多く与えるのではなく、「正直」とか「誠実」とか、規則正しい生活といった原理を与え、原理に対する違反には厳しく叱るという態度を取ります。そしてなによりも、子供が自分の選択した道を進むのを褒めたり、助けたりします。そういう基本的な態度を感じ取れば、子供は理不尽な反抗をしないものです。

もちろん、親の権威そのものは必要です。権威を捨ててしまうと、逆の弊害が現われます。たとえば、子供に「好きにやっていいよ」と言うと、場合によっては無軌道なことをしはじめます。たとえば非行に走ったり、性的に乱れた行動に走ったりします。

そのように子供に自由や自主性をあまりに認めすぎると、子供はやたらと反抗してつっかかってきたり、わざと悪いことをする場合があります。そういう場合は、じつは親の反応をうかがっているものです。もっとかまってほしい、愛情をかけてほしいとか、もっと規制してほしい、ストップをかけてほしい場合もあります。つまり親の確固とした価値観を示してほしいのです。それなのにあくまでも自由放任のままでいると、子供はますます放縦《ほうじゅう》になってしまい、重大な挫折をするか、犯罪にまで至ることもあります。

そうした場合には、親は子供の前に立ちはだかる壁の役割を果たさなければなりません。間違った道に進もうとする子供にとっては、ガンと跳ね返される厚い壁です。親とくに父親は、正しい価値観を断固として示すことができる存在でなければなりません。子供が間違った方向に進もうとしているときには、ガツンと跳ね返すだけの迫力を持たなければなりません。

じつはたいていの子供は、無軌道をやっているように見える場合でさえも、そういう親の「ガツン」を期待しているのです。期待どおりの「ガツン」をやられてはじめて、子供は反抗をした甲斐があったと感ずるのです。

反抗期だからといって、なんでも無条件に許すというのではなく、適切な枠を設けてそれを守らせ、また「悪い」ことは「悪い」と毅然《きぜん》と言うことが大切です。親が安定した価値基準を示すことによって、子供は反抗を繰り返しながら健全な人格を作りあげていくことができるのです。

（なお、幼児期に子供と触れ合う機会を持てないで、子供が思春期になってから触れ合いの大切さを知った父親の方は第3章の「親子の会話ができないお父さんへ」〔七七ページ〕をもう一度思い出して参考にしてください。）

思春期の悩み

思春期とは、もともとは性に目覚める時期という意味ですが、子供から大人への移行期、中間期という広い意味でも使われます。

性衝動が強くなり、異性への関心も高まりますが、それをどう表現してよいかとまどう時期です。性的成熟への過渡期という意味で、子供から大人への移行期だと言えます。

性的衝動が強くなり、それと社会的規範とのあいだに緊張が生まれます。異性を求める気持ちを、社会的ルールの中でどう表現するかを学ぶ時期とも言えます。恋の悩み、失恋の悩み、異性から相手にされない悩みなど、思春期特有の悩みが出てきます。

この点で挫折すると、自分に自信が持てなくなったり、下手をするとストーカーや不純異性交遊、少女誘拐監禁といったおぞましい犯罪にまで至る場合があります。

しかし思春期の悩みはそれだけではありません。「なぜ自分は生まれてきたのか」「何のために生きているのか」「死んだらどうなるのか」といった哲学的な悩みもあります。生きている事の意味が分からないなら、生きていても仕方がないと思いつめる場合もあります。明治の終わり、第一高等学校（今の東大）の生徒であった一六歳の藤村操《みさお》は、「曰く不可解」と言って華厳《けごん》の滝に身を投げて自殺しました。

もう一つ、意外に見逃されている悩みに、自己肯定感を持てないという悩みがあります。自分を愛せない、自分に自信が持てない、自分に誇りが持てない、という悩みです。プライドの病とも言います。これが解決されないと、生きていく力が湧いてこなくなります。こじれると無気力になったり、閉じこもりになったりする場合さえあります。

悩みとは少し違いますが、大人の世界を不純で汚いと見て、大人になりたくないという心理に陥り、いつまでも子供のままでいたいと願う場合もあります。極端な場合には拒食症になり、生命の危険にさらされることもあります。

移行期というのは、なにごとによらず危険が伴います。昆虫で言えば、羽化《うか》するとき、すなわち虫から羽根を持った成虫へと変化する時が、一番危険で失敗する率が多いそうです。蛇も脱皮するときが一番無防備で危険にさらされる時です。人間の場合も同様でしょう。子供から大人に脱皮する時期に、いろいろな誘惑や危険が待ち構えています。

親は子供が今どういうことで悩んでいるかを察知することが必要になります。恋の悩みなのか、哲学的な悩みなのか、プライドの悩みなのか、いじめられて悩んでいるのか、何で悩んでいるのか、どの程度の深刻さか、おおよそのところを察しているこ
とが望ましいのです。

もちろんそれを知ったからといって、直接何かをしてやれるとか、言ってやれる場合は少ないでしょう。多くの場合は子供が自分の力で解決していかなければならないでしょう。しかし知っていれば、間接的に応援してやったり、温かく接してやったり、少なくとも心ない言葉を投げつけることはなくなるし、不必要に傷つけてやる気をなくすことはなくなります。見当違いの励まし方をしたり、間違って叱ったりして、逆

効果になる場合が多いことを考えると、これはなかなか大切なことです。

子供が困難を背負っているときや、悩みを持っているときに、最も励まされるのは、親や家族が温かい雰囲気で接してくれることです。直接何かをしてもらうのでなくても、ただ愛情を感じるだけで、子供は励まされ、力が湧いてきます。そういうときこそ、家族は心の基地としての役割を果たすときです。悩み、傷ついて帰れば、温かい家庭があるというのが、子供だけでなく、大人でも最も大切なことです。何も言わなくても、ただ親の笑顔があれば、それだけで子供は癒され励まされるのです。

思春期特有の悩みの場合に、親が代わって悩んでやることはできないし、手や口を出して助けてやることはできません。もしできたとしても、それでは解決になりません。自分の力で解決するのを見守るしかないのです。ただし、必死に暗中模索しているときに、一番有り難いのは、安心してくつろげる家庭であり、温かい家族の雰囲気です。

もし父親が悩んでいる子供にしてやれることがあるとしたら、それは失敗談をしてやることです。たとえば、失恋をして悲しんでいる子供に対して「失恋の一回や二回、どうってことないよ、お父さんなんて三回もしたよ」と言えば、子供は笑いだして「そんなこと自慢にならないよ」と言いながらも、心が軽くなることでしょう。

子供が「お父さんは何のために生きているの」と聞いてきたら、「そんなことお父さんにも分からないよ、しかし生きがいのあることを見つければ、生きていきたくなるものだよ」と言えば、「へえー、そんなものなの」ということになります。喧嘩して負けた子供に対しては「お父さんも喧嘩は弱くてなあ、よく泣かされたよ」と言えば、子供も「ああ、負けてもいいんだ」と思い、なぐさめられます。

思春期の悩みの大部分は、「絶対に負けてはいけない」というように、力んでいることから来ています。そこでたとえば「大人は汚い」と怒っていたら、「まあ、人生、そういうこともあるよ」と言ってやれば、力んでいる子供の力が適当に抜ける場合もあります。

親も子供のころにはそうやって悩んで大きくなったのだということが分かれば、子供は案外、気が軽くなるものです。親はあわてず騒がず、ゆったりと接することが大切です。

文化としての男らしさ・女らしさ

このごろ「男らしさ・女らしさ」についての議論がさかんになされています。男女平等のためには性差をなくすべきだと考える人たちが、「男らしさ・女らしさ」をなくす運動を強力に押し進めているからです。

この人たちは言論活動をしているだけではなく、行政を動かして市民の学習活動を組織したり、学校の教育の中にも浸透しています。

教科書の中から、性差を表現している部分を選びだして、それを使わないようにしようという運動もしています。たとえば、「くん」「さん」というように男女で区別した呼び方はいけない、すべて「さん」と呼びましょうとか、服装も男子は黒系統、女子は赤系統と決め付けてはいけない、体育着は男女とも全員同じ色にせよ、といった具合です。

家庭科教科書の中でも、「ジェンダーチェック」と称して、男女を区別するケースをこと細かにチェックして、徹底的に排除しようとしています。その結果、名簿を男女混合にしただけでは満足しないで、ついに「男女」という言い方はいけない「女男混合名簿」と言うべきだと主張しています。

こういう偏った主張がいま学校の中に際限なく入ってきて、親が知らないうちに子供の頭が洗脳されてしまう危険があります。

ジェンダーフリーを主張している人たちは、「男らしさ・女らしさ」は生まれつきのものではなく、あとから教えこまれたものだと主張しています。しかし「男らしさ・女らしさ」が生まれつきのものだということは、脳科学によって完全に証明されています。

「男らしさ・女らしさ」が生まれるのは、胎児のときに母胎の中で女性ホルモンと男性ホルモンの作用をどの程度受けるかによって決まるのです。

男児は男性ホルモンを多く受けるのですが、女児でも間違って男性ホルモンを受ける場合があり、その場合には男脳を持った女性が生まれてきます。この人たちは「男まさり」とか「おてんば娘」と呼ばれる人になります。

男児が男性ホルモンを少なく浴びると女脳を持った男性になり、多すぎると「超男性」となります。「超男性」は異常な攻撃性を持ち、凶悪犯罪を起こす場合も多いようです。

要するに男女の生まれつきの違いは単に体格や性器の違いだけではなく、性格や心理の違いも生まれつきなのです。その生まれつきの違いを、文化によってさらに洗練させ、美しくしたのが「文化的性差」です。この「文化的性差」は人間にのみ特有のものです。

鳥や動物の場合は、性差はほとんど生まれつきのもので、文化的に発達したのではなく、進化の過程で発達したものです。鳥の場合はオスが姿も声も美しくなりました。哺乳動物の場合はオスがたくましく力強い美しさを持つようになりました。

それに対して、人間の場合は、オスにもたくましい美しさが要求されましたが、なによりもメスが美しくなるように要請され、それが文化的に強調されてきました。どの地域、民族でも、衣装やダンスに表わされているように、女性の美しさが強調されています。日本ではとくに女性の言葉遣いや立ち居振る舞いが文化的に洗練されてきました。

子供たちに男女の区別を意識的に教えるための行事も発達しました。ひな祭りや端《たん》午《ご》の節句がその代表です。前者では華やかな美しさが、後者では力強い美しさが強調され、桃の花と菖蒲《しょうぶ》がそのシンボルになっています。

ひな祭りには男の子も招かれて、華やかなお雛様の前で菱餅《ひしもち》や甘酒をふるまわれ、女の子の美しさにうっとりします。端午の節句ではかしわ餅を食べ、女の子は男の子のりりしさにうっとりします。こうして互いの美しさを知り、互いを尊重するようになっていくのです。

こうした貴重な性差の文化が、いま重大な危機に陥っています。たとえば女の子のあいだでは、「女らしさ」がいじめの対象になっています。「……ね」とか「……よ」といった女らしい言葉遣いをすると、それだけでいじめられるそうです。

だからこのごろの女らしい女の子は戦々恐々として、わざと男のような乱暴な言葉を使い、「女らしさ」を出さないように気をつけているしかないそうです。服装も地味なものを着て、目立たないように気をつけるのだそうです。

このようにして文化というものは壊されていくのでしょう。女らしくない女の子が女らしい子をいじめ、「女らしさ」を消し去ろうとしているのです。他方で、男らしくない男性に「男らしさ」を無理に強いると、抑圧することになるから、「男らしさ」は否定すべきだと言われています。

しかし、「男らしさ・女らしさ」を否定してしまうと、自我の形成を歪めてしまう危険もあります。自然な区別を否定されると、混乱を起こす場合も多いでしょう。

そうしたジェンダーフリー教育が学校を舞台にして進められているところに、深刻さが感じられます。先生の権威で間違ったことを教える弊害は大きいでしょう。

学校に任せていれば安心という時代ではなくなっています。私たち親は、子供が学校で何を教わっているか、きちんと把握していないといけません。

学校教育に関心を

本書では、家庭での父親のあり方について述べてきましたが、子供たちが学校で何を習っているのかについても、私たちは関心を持たなければなりません。

学校で習うことは、教科書やカリキュラムが決まっているのだから、どこの学校でも大差ないだろうと思っている人が大部分だと思いますが、そうとは限らないのです。

教科書にもいろいろな種類があります。先生にもいろいろな人がいます。中にはとんでもないことを教える先生もいます。ですから、子供が学校で何を習っているのか、よく知っている必要があるのです。

たとえば、問題意識を持ってもらうために、性教育の例を挙げます。性教育というと、私たち大人の世代は、男女の体の仕組みの違いとか、妊娠の仕組みを教えて、

「だから性行動は慎重に」と、性道徳を教えているものと思いこんでいます。ところが最近の性教育はそんな古典的な内容ではないのです。

今の性教育は、内容がたいへん詳しく具体的になっています。さらにとくに新しい内容としては、避妊と中絶の方法を詳しく教える先生が多くなっています。コンドームとピルは、それぞれ何パーセントの成功率だと教えます。中絶についても、胎児が「破壊」されるシーンをリアルに映して見せる先生もいます。

避妊や中絶について、詳しい知識を与えるのは、何のためでしょうか。どうして必要なのでしょうか。そのような知識を与えれば与えるほど、子供たちは性行動への抑制を取り払われ、性の自由化が進むだけです。それでは子供たちに、「安全な」性行動を勧めているようなものです。妊娠しないように注意を払えば、いくらでも性交をしてもよいと言っているのと同じです。

まさか「いくらでも性交をしてよい」などとは言っていないと主張するでしょう。しかし性教育に熱心な先生ほど、「性の自己決定権」という理論を信奉しています。性を自己管理し、自分の好きなようにしてよいという理論です。避妊や中絶はその

「自己決定権」を可能にするための手段となります。自分で決定して、何でもしてよいという、この理論と性教育が結びつけば、性の自由化を推奨しているのと同じことになります。

こういう教育を家庭科として教えている先生がいるのです。それゆえ、このような偏った性教育に、子供がさらされる危険性は、日本中に広がっています。家庭科の授業では、裁縫とか調理実習がなされていると思っていると、大間違いです。

そもそも性教育においては、具体的な知識を教える前に、性道徳を先に教えなければなりません。もし学校で性道徳を教えてくれないなら、そうしたおかしな教育がなされる前に、家庭で早くに教えておく必要があります。

さらにもう一つショッキングな例を挙げれば、家庭科の時間に出産シーンを見せた先生もいます。高校の男女生徒を一緒にして、水中出産のビデオを見せたのです。妊婦は全裸でした。陣痛で苦しむ姿、うめき声、そして赤ちゃんが出てきて助産婦が取り上げるまでが、リアルに映し出されたそうです。ここまでくると、異常を通り越して、狂っているとしか言いようがありません。

女生徒は、近い将来に、そうした姿で子供を産むことは充分に予想できます。いわば自分の全裸の姿を男子に見られているという感覚を持つでしょう。セクハラ、人権侵害と言うべきです。女生徒はいたたまれなかったと言っています。

ジェンダーフリーを唱えている先生ほど、性教育に熱心になり、出産シーンも男女一緒に見せる傾向があります。男女平等ということをはきちがえているとしか考えられません。

問題は性教育だけではありません。たとえば、すでに発行されている家庭科教科書の中には「専業主婦として、日中家で子どもと過ごす母親は、生きがいは子どもだけになり、いっぽうで孤独感やいらだちを募らせる。子どもは友達との関係がきずけなくなる」と書いてあります。専業主婦のマイナス面だけをことさらにあげつらう内容です。こういう教科書で習う子供たちは、専業主婦の母親を軽蔑するようになるでしょう。

こういう教科書や授業の内容を知ってみると、父親たるもの、学校教育の内容に関心を持たざるをえないでしょう。

これまでの日本の父たちは、子供のしつけを妻に任せ、教科の内容は学校に任せっぱなしでした。具体的な内容は任せてもいいのですが、基本方針については「おまかせ」はいけません。自分の子供が学校でどんなしつけをなされているか、どんなことを教えられているか、しっかりと認識し、注目していなければなりません。

学校で教えられる内容があまりにも不当な場合には、きちんと抗議するなり、話し合いを要求するなり、ＰＴＡで話題にするなり、なんらかの行動を起こす必要があります。

学校教育の内容が特殊なイデオロギーによって歪められる可能性が増えていることに、用心しなければなりません。

第8章

「父」の意味——「父性」はなぜ大切か

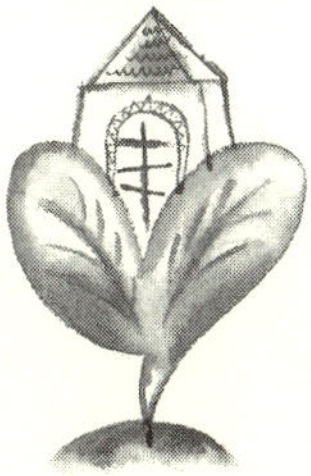

父性の遺伝的根拠

これまで、父親が子供に対してどう接したらよいかについて、さまざまな角度から述べてきました。ここで視点を変えて、「父性には遺伝的根拠がある」という話をしたいと思います。このことを認識することによって、お父さんたちに自信を持ってもらいたいと思うからです。

母性本能というものは、何十万年という人類の歴史を背負っているばかりか、哺乳類の昔から母性は存在しており、その遺伝的根拠は揺るぎないものと考えられています。

それに対して父性本能という言葉がないのを見ても分かるとおり、父性は遺伝的なものではなく、文化的な発明品であるという理解が一般的でした。

そういう理解のせいで、歴史をさかのぼればさかのぼるほど、父親が家族の一員だという姿が薄くなり、母子を守ったり養ったりしなくなると思い込んでいる人が多いようです。古代（といっても歴史以前の古い時代）では乱婚制のため父親が誰だか分からなかったのだという、まことしやかな説を出す人もいました。

しかし今では、人類の曙《あけぼの》の時代から、夫婦と子供を中心にした数人の家族が住居や消費の単位になっていたというのが通説です。人類が生まれた最初から、父親を含めて家族が構成されていたのです。

つまり、母性は人類が生まれる以前からあったけれども、父性は人類とともに生まれたと言っていいと思います。人類の発生と父性の発生は同時的であり、密接に関係していたのです。

なぜそうなったかと言いますと、人類という種《しゅ》では、父親が子育てに参加しないと、母親だけでは子供を育てることができなかったからです。

人類はネオテニー（幼形成熟）といって、未熟な段階で生まれてきます。これは人類の頭脳が発達して大きくなったので、充分に成長してから産んだのでは、産道を通れないので、未熟な段階で産む必要があるためでした。

そのため、人間の子供は生まれてから十年近くも親の世話を必要としています。とくに乳幼児期においては、母親がいつも手に抱いていなければならないため少なくとも片手は使えず、移動も緩慢になり、敵の攻撃を受けやすい。そこで父親がそばにいて守ってやったり、食料を確保してやるなど、家族として父親が加わることが絶対に必要だったのです。

こうして父親と母親が分業しつつ協力して子育てをするという体勢は、人類が生まれてからずっとやってきたことです。家族、すなわち父母と子供という家族の単位は、したがって人類の始めから存在していたと考えられます。父性は決してあとから生まれた文化的産物ではなく、始めから存在していた生得的なものです。

さて、さきほどから、父性は人類とともに始まったという言い方をしてきましたが、じつは正確には類人猿、とくにゴリラの父親に、顕著な父性が認められます。ゴリラの父親、すなわちシルバーバックのまわりには、一、二歳以上の子供たちが集まり、一種の社会を作り、その集団の中で社会行動を学び、自立への訓練をする。そのとき、

父親は喧嘩を公正に裁き、何を食べたらいいか、ベッドはどうして作るかなどの技術を教えていく。

これは私が拙著『父性の復権』（中公新書）で定義した「家族を統合し、文化を伝え、社会のルールを教える」という父性の性質をすべて持っていると言えます。

じつはゴリラのように夫婦の対を作るタイプの類人猿においては、父性が発達していたのです。父性とは人類において初めて現われたものではなく、萌芽《ほうが》的には類人猿において早くも現われていたのです。はるか昔の進化の過程で類人猿と人類が分かれたときに、その遺伝的性質は人類にも伝わり、今日の家族のもとになったのです。

私たちは父性が母性と同様に、誰にでも備わっているものであり、誰でも良い父親として子供を育てる素質を持っていることを知っておかなければなりません。

もっとも、生得的だからといって、父性がいつでもどこでも自動的に出てくるというものではありません。母性でも、子供が生まれたからといって、自動的に出てくるのではなく、子供を抱いたりお乳をやったり、笑顔をみたりという、いくつものスイッチが押されて、その刺激によって動き出すのです。

父性も同じで、子供を手に抱き、笑顔を可愛いと感じ、一緒に遊び、肌と肌を触れ合い、多く接することによって動き出すものです。子供との触れ合いがまったくないのに、無関係に動き出すというものではありません。

父性の源泉は「可愛い」という感情です。その「可愛い」という感情は、より多く子供と接することによってしか出てきません。（第1章の「育児は楽しい！」〈一一〇ページ〉を参照）

その意味では、父親は子供が赤ちゃんのときから、風呂に入れるとか、一緒に遊ぶなど、できるだけ多く接するように心がけることが、父親と子供の良い関係のもとになります。

父の権威とは

父親は権威を持っていた方がいいのか、持っていない方がいいのか、いつも議論の的《まと》になります。戦後民主主義の社会では、上下関係は悪いものと考えられ、権威を持たない「友達のような父親」が理想とされてきました。しかしその結果はというと、わがままな子供や無気力な子供が作り出されることになりました。

私がカウンセリングや心理療法をしていて、無気力になっている子供の大部分は、父親が「自主的に育てました」とか「子供の自主性に任せてきました」と言います。自主性を尊重して育てたら、自主的な人間に育つと思っているのは、大間違いなのです。

そういうお父さんというのは、必ず「父親の権威」を否定しています。「権威」というものは悪いものだと思ってきたと言うのです。権威を否定している人にかぎって、子供がおかしくなっています。

どうして親の権威を否定して、子供の自主性を重んずると子供がダメになってしまうのか、考えてみましょう。

自主的に行動するためには、心の中にしっかりとした基準がなければなりません。内なる価値観がしっかりしている場合には、自分なりの判断をして行動ができます。しかしその基準がないと、人間は自分で判断することができません。判断力ができあがっていないのに、自分で自主的に判断せよと言われても、子供はどうしてよいか分からないので、閉じこもるか、無気力になるしかないのです。

親は子供に対して、社会で生きていくための適切な価値観を与える義務があります。その価値観を与えるときに、健全な権威というものがプラスに作用するのです。

権威というのは、影響力を持っているということです。親が権威を持っているとは、子供に対して影響力があるということです。親が権威を持っていれば、子供は親の言うことを進んで聞きます。そうなれば、親は子供によい影響を与えることができます。

よい影響力を持つためには、信頼されていることが最も大切です。子供から信頼されるためには、まず第一に自分で実行してみせることが大切です。自分でやらないのに「やれ」と言っても、子供は「やる」ようにはなりません。いくら「人に親切に」と言っても、親自身が人に親切にしないのでは、子供は他人に親切にはしません。親がまずお手本を示し、信頼されることが、本当の権威のもとです。

次に、適切な意見やアドバイスを子供にしたという実績の積み重ねが大切です。お父さんの言うことはたいていは正しいという実績があると、子供は親を信用し、とりあえず言うことを聞いてみようという気持ちになります。いわゆる「一目置く」という状態ですね。

また自分の実力を見せることも必要になります。といって、自慢したり、誇示するのではなく、毎日の生活の中で、いつも一緒に行動していれば、自然に父親の実力を見せる場面が出てきます。

もっともこのごろのサラリーマンは、父親の仕事での実力を見せる機会が減っています。あるカメラマンは、子供に仕事しているところを見せたのはいいが、あとで

「なんだ、お父さんはただカメラをかついでいただけじゃないか」と言われてガックリしたと言っていました。仕事で示せない分、アウトドアのレジャーや趣味やスポーツの世界で実力を示す必要があります。（第1章の「めざせ！　カッコイイお父さん」〔二三ページ〕を参照）

子供が小さいころなら、キャッチボールをしただけでも、また相撲をとっただけでも、実力を示すことができます。しかし子供が大きくなってきたら、体力では負けますから、精神的な面で教養を積んだり、高い価値を示すことができるように努力をしなければなりません。

もちろん、そういう努力をしても、子供に追い越されるときもあります。そういうときは無駄な抵抗をしないで、子供が成長したことを素直に喜ぶ度量を持ちましょう。

父親の権威というものは、いつか必ず落ちるものです。子供の方から見ても「お父さんもたいしたことないな」と感ずるときが来ます。そういう時期はたいてい思春期と重なっています。そのときに無理に権威を維持しようとすれば、かえって軽蔑されるのがおちです。

思春期は子供と大人の心理が重なるという、難しい時期です。一方では自信がないのに、他方ではプライドが高く、大人として扱ってほしいという心理も持っています。

そういうときには、子供を対等の大人として扱う時が来たと考えましょう。いつまでも子供扱いせずに、部分的に大人として扱う。つまり自分で判断して行動してよい部分を広げてやる。しかしその場合に自分で責任を持つという原則はしっかりと言っておかなければなりません。

たとえば、勝手に借金をすることができないのは、自分で責任が持てないからです。またたとえば門限などは思春期ではかえって厳しくする必要があるのも、危険に対して自分では対処できない場合があるからです。

このように、どんなに権威が落ちても、まだ子供が独立するまでは、最小限の権威は持っていなくてはなりません。

権威は落ちるもの

これまで何度か、父親の権威は必要だということを述べてきました。躾《しつけ》というものは、生活習慣や礼儀などの感覚的・基本的なものほど、理屈で説明できないことが多く、ただ「こういうものだ」といってやらせる以外に仕方ないものです。そういう躾には父親の権威が是非とも必要になります。

しかし、権威をいつまでも同じように維持することは不可能です。子供が小さいときはボールをビューッと強く投げるだけで「すごーい」と感心してくれますが、大きくなるにつれて少々のことでは尊敬してくれなくなります。

思春期ともなると、父親を尊敬するどころか、父と張り合おうとしたり、父親を負かすことを楽しみにするようにさえなります。子供は成長していくのに対して、父の方は衰えていきますから、子供に追い越されるのは時間の問題です。

そういうときに、無理に勝ちにこだわったり権威にこだわると、みじめになったり、滑稽に見えてしまうことさえあります。

ある父親は、「オレはなんでもできる」と豪語して、子供たちから「これはできる?」と言われて、たいていのことはやってみせては、子供たちに自慢していました。子供が小さいうちは、鉄棒で大車輪をやってみせるとか、日曜大工で机を作ってやるとかして、子供たちの尊敬を勝ち取っていました。

そのうち子供たちが成長するにつれて、要求はだんだんとエスカレートしてきて、ついに「一人で家を建てられる?」というところまで来ました。そのお父さんは引っ込みがつかなくなってしまい、一人で自分の家まで建てようとして頑張ったのですが、さすがに一人では無理でギブアップしてしまい、「やっぱりだめだ」と幻滅されてしまいました。

下手に威張ってみせたり、権威づけようとして無理をすると、かえって権威を早く落とすことになります。人間は有限な存在ですから、必ず限界があり、無限の権威などというものはありえません。お父さんはスーパーマンだというイメージは、かなり早い段階でなくなるのが望ましいのです。偉いお父さんでも、できないことはあるということは、子供が小さいときに、分からせないといけません。

とはいえ、あまりに早く子供を幻滅させるのは、子供がしらけてしまったり、高い目標を持てなくなったりしますから、決してよいことではありません。父親はできるだけ子供の高いイメージに応えるように頑張らないといけないのです。

よく「父親は子供の前では高い壁であれ」と言われますが、父親というものは子供に簡単に乗り越えられるような低い壁であってはなりません。少しは無理をしてでも、できるだけ高い壁になるように努力しないといけないのです。

とはいえ、あまりに無理をしたり、あがくようなことはかえって逆効果です。もし子供に乗り越えられたり、試合で負かされたりするようなことがあったら、率直に認めて、その成長を喜び、「よくやった」と褒めてやってください。

古事記の中に、オオクニヌシノミコトが、根堅洲国《ねのかたすくに》に住んでいるスサノヲノミコトを訪ねていく話があります。オホクニヌシがスサノヲの娘スセリビメと結婚したいと言いますと、スサノヲはオホクニヌシにいろいろな難題を出して試します。しかしオホクニヌシがいずれの難題もなんなく切り抜けたのを見て、ついに娘との結婚を許し、立派な支配者になれよと祝福の言葉を与えます（くわしくは拙著『日本神話の英雄たち』〔文春新書〕をお読みください）。

この話には、若者にイニシエーション（参入儀礼＝大人になる儀式）の試練を与えてためす父親のイメージが反映しています。息子が立派に成長して自分より上になったら悔しがるのではなく、スサノヲのように喜んで祝福してやる度量を持たないといけません。

子供が思春期になって実力をつけてきたら、上から命令するのではなく、アドバイスするという態度で接するのがよいでしょう。自分が成功した話もたまにはいいでしょうが、それよりも失敗したときに「ああすればよかったのだが、そのときはできなかった」という話の方がよほど子供のためになるでしょう。

子供は父が失敗したというだけで、ほっとして親近感を持つでしょうし、失敗したときにどんな態度をとり処置をしたかという話はたいへん参考になるでしょう。思春期ころの子供は、そうした失敗談によって父親を軽蔑するようなことはありません。むしろうれしく感じたり、かえって尊敬する場合さえあるでしょう。父親は、子供が失敗しないように励ましたり、努力させることも大切ですが、失敗に耐えられる子供にすることはもっと大切です。

このように、権威は落ちるものですし、権威が落ちることは子供が成長している証《あかし》ですから、ある意味では喜ばしいことです。しかし父親の権威が急激に落ちるのはよくありません。子供の成長に応じて、自然に徐々に落ちていくのが望ましいのです。

超越への感性

家庭はすべての教育の基礎です。人格の涵養《かんよう》、学力の増進とともに、宗教的情操を育《はぐ》むのも家庭の役目です。

宗教とはもともと人間を超えた存在を信じ、それを基準にして自分の生き方を律していく営みです。

神や仏などの超越的な存在を信ずることによって、人間は謙虚になり、また自信や強さを得ることができます。

家庭教育においては、子供に特定の宗教を押しつけるのではなく、宗教のもとになる宗教的感受性を持てるように導くことが大切です。宗教的感受性はどのようにしたら高めることができるのでしょうか。

私たち人間には、個人や日常を超えた存在を感ずるときがあります。たとえば、思いもよらぬ幸運に恵まれたときや、家族に災難や不幸がふりかかったとき思わぬ助けが現われたときには、どうしても神様が助けてくださったとしか思えないものです。「地獄で仏」の喩《たと》えどおりの実感です。

カントは、私たちの心を「感嘆と畏敬の念をもって満たすもの」として「満天の星空と心の内なる道徳律」とを挙げました。これをもう少し一般化して言うなら、大自然に抱かれたときの感じ、そして我知らず他人に対する思いやりや親切心を感ずるようなときでしょう。利他的な心や良心が我知らず湧き起こってくるときには、個人の意思を超えた存在を感じさせてくれます。素直な心を持ってさえいれば、超越的な存在は、外の世界にも心の内にも感じられるものです。

こうした感じを子供たちに持たせる機会を増やすことがまず大切になります。大いなる存在に抱かれ生かされているという感覚を持つということは、宗教感情の基本です。こうした感情を感ずる機会としては、たとえば大自然の中で奉仕活動に汗を流す気持ちよさの体験も有効でしょう。

ただし、そういう機会を増やすだけでは充分ではありません。その体験を意識化し、かつ日常化することが、さらに大切になります。

意識化とは、たとえば登山をしたときに、子供たちにご来光を見せたとしましょう。そういうときにただ「きれいだね」で済ますのではなく、親が思わず手を合わせて拝んで見せれば、あの美しい太陽はただの太陽ではなく、なにか神的な存在だと感じられることでしょう。アフリカのアルゴン山の麓《ふもと》に住むマサイ族の人たちは、昇る太陽を神だと信じているそうです。

次に、そうした非日常的な機会だけにとどめないで、日常化することが必要になります。たとえば、神棚や仏壇を備えて、親や祖父母が毎日お祈りをする姿を見て育った子供は、つねに超越的な存在を身近に感じています。亡くなったおじいちゃんやおばあちゃんが守っていてくれるという感覚を自然に持つことができます。

なにかいいことがあったら、「おばあちゃんが守っていてくれるんだね」という感覚が生まれます。そういう感覚から、日本人に特有の「ご先祖様は神様」という信仰が生まれたのでしょう。

子供と一緒に神社仏閣を訪れたとき、または通りかかったときには、必ず手を合わせてお参りするとよいでしょう。自分の派の宗教でなくとも、超越的存在に対する敬意を払う態度は、必ず子供の心によい影響を与えるものです。

昔は街の辻ごとに、また村の入口や道ばたに必ずお地蔵様が立っていました。お地蔵様は子供の守り神です。大切な存在でした。人々はお地蔵様にお供え物をしたり、前を通るときは必ず跪《ひざまず》いてお参りをしました。もし庭にお地蔵様が置いてあって、毎日お水とお米や果物をお供えして手を合わせていれば、小さい子供も自然にしゃがんで手を合わせるようになります。

日本人はご飯を食べるときには、手を合わせて「いただきます」と言います。お米を生産してくれた人や炊いてくれた人、そして神様に感謝をしてからいただくという感覚です。茶道でも、お茶を生産してくれた人たち、お茶を点《た》ててくれた人、そしてそれらの背後にいる神様にお礼のお辞儀をしていただくのが礼儀になっています。

私はスイスのチューリッヒに滞在していたときに、スイス人の教授夫妻に茶道の作法について説明したことがあります。私が茶碗を手に持って、「お茶を生産した人たち、お茶を準備した人、そして神様に感謝をこめてお辞儀をします」と説明して手本を見せたところ、その教授夫妻は自分がいただくときに本当に丁寧に心を込めてお辞儀をしていました。私はなんと素直で心の美しい人たちかと感動しました。神への畏敬の念を持っている人は、どんな国の人であろうと、どういう宗教を信じていようと、美しく見えるものです。特殊な日本文化と思われている茶道も、基本の精神は外国人にも通用すると実感したものです。

日本文化の中に根付いている、神様への感謝の気持ちは、形は異なっても、外国の人たちとも共通に感ずることのできるものです。こうした謙虚な気持ちを育む日本文化の基本の形を、私たちは親から子へとこれからも長く引き継いでいきたいものです。それが子供たちの宗教的情操を豊かに育ててくれることでしょう。

◎著者紹介
林　道義（はやし・みちよし）
一九三七年、長野県生まれ。東京大学法学部卒。同大学院経済学研究科修了。経済学博士。現在、東京女子大学文理学部教授。専攻は深層心理学。日本ユング研究会会長。著書に『父性の復権』『母性の復権』『家族の復権』（以上中公新書）、『立派な父親になる』（童話屋）、『主婦の復権』（講談社）、『ユング心理学入門シリーズ』全三巻（ＰＨＰ新書）、『図説ユング』（河出書房新社）など多数。

初出――『光の泉』平成13年4月号～平成16年3月号
（「子供がいじめに遭ったとき」〈第6章〉は書き下ろし）

父親《ちちおや》のための家庭教育《かていきょういく》のヒント

幼児期《ようじき》から思春期《ししゅんき》まで

初版発行——平成一六年九月一五日
著者——林《はやし》 道義《みちよし》

発行者——岸 重人
発行所——株式会社日本教文社
東京都港区赤坂九—六—四四 〒一〇七—八六七四
電話 〇三(三四〇一)九一一一(代表)
〇三(三四〇一)九一一四(編集)
FAX 〇三(三四〇一)九一一八(編集)
〇三(三四〇一)九一三九(営業)
振替=〇〇一四〇—四—五五五一九
印刷・製本——光明社

ISBN4-531-06394-5 Printed in Japan

●日本教文社のホームページ http://www.kyobunsha.co.jp/

輝く未来が待っている

●谷口清超著

希望に満ちた未来のために、今若者に出来ることは何か、人間の本質とは何かを易しく詳述する。学校、友人、恋愛、善行、親、国等6章のテーマに分けて、輝く未来をつかむためのカギを教示。

¥1200

生命の教育

●谷口雅春著

「子は親の鏡、この親にしてこの子あり」などと昔から言われるように、子供の教育は、まず親の心がけから始まります。言葉の力、暗示の力の活用によって才能を伸ばす教育法。

¥820

お父さん出番ですよ

●佐野恒雄著

子供の健全な成長に欠くことのできない「父性」が失われつつある今日、人真似でなく、力まず、等身大の父親像を子供達に見せてきたお父さん達の姿を紹介して、親子のあり方を探る。

¥1500

「勉強ぎらい病」の治し方——みるみる勉強好きになる知能革命

●今村栄三郎著

多くの医学生を育てた医学博士が、とっておきの「超学習法」を、児童向けに改良して初公開。幼児から小・中学生までの各教科別に学習ポイントを紹介。勉強ぎらいの子もラクラク勉強好きに。

¥1350

「赤ちゃん」の進化学——子供を病気にしない育児の科学

●西原克成著（日本図書館協会選定図書）

赤ちゃんは、生命5億年の進化のドラマを再現しながら成長する！進化学・動物学・免疫学の視点から、育児学・小児医学に一石を投じる革命的育児書。子供を病気にさせないための鉄則を紹介。

¥1400

医師として 母として

●内田久子著

子どもの不登校や病気など、親だからこそ抱く様々な悩みの解決策を、障害を持つ息子の実相を直視し続けた20年余の歳月を通して、医師として母としての実体験からやさしく提示する。

¥1500